G000255083

Greek Vocabulary

THE JOINT ASSOCIATION OF
CLASSICAL TEACHERS' GREEK COURSE

Greek Vocabulary

CAMBRIDGE UNIVERSITY PRESS

CAMBRIDGE

LONDON   NEW YORK   NEW ROCHELLE

MELBOURNE   SYDNEY

Published by the Press Syndicate of the University of Cambridge
The Pitt Building, Trumpington Street, Cambridge CB2 1RP
32 East 57th Street, New York, NY 10022, USA
296 Beaconsfield Parade, Middle Park, Melbourne 3206, Australia

© The Joint Association of Classical Teachers' Greek Course 1980

First published 1980

Printed in Great Britain
at the Alden Press, Oxford

British Library cataloguing in publication data
Joint Association of Classical Teachers'
Greek vocabulary. – (Joint Association of
Classical Teachers' Greek course)
1. Greek language – Vocabulary
I. Title
488'.1   PA406   79-41762
ISBN 0 521 23277 5

CONTENTS

Cover picture: Detail from a vase from Cerveteri signed by Douris. Reproduced by permission of the Antikenmuseum, Staatliche Museen Preussischer Kulturbesitz, Berlin (West). Photo: Ingrid Geske.

PREFACE

Reading Greek (C.U.P., 1978), the first part of the J.A.C.T. Greek Course, consists of two volumes – one of *Text* and one of *Grammar, Vocabulary and Exercises*. The *Text* is read with the help of running vocabularies in the *Grammar* volume, after each of which, under the heading 'Vocabulary to be learnt', is a list of words that must now be learnt by the student. These words, if met in the text again, are no longer glossed. However, if the students' memories let them down, there is at the back of *Reading Greek* an alphabetical list of the total learning vocabulary, with meanings.

After *Reading Greek*, students are ready to read widely in mainstream classical Greek, and the second half of the J.A.C.T. Greek Course consists of two volumes of extracts from the best Greek authors – *A World of Heroes: selections from Homer, Herodotus and Sophocles* (C.U.P., 1979) and *The Intellectual Revolution: selections from Euripides, Thucydides and Plato* (C.U.P., 1980). These two volumes do not have accompanying grammar books, but glossing is done on the facing page of the text. The same principle is followed as with *Reading Greek*. It is assumed that students know the total learning vocabulary of *Reading Greek*, and anything that falls outside that is glossed. Likewise, an asterisk marks words that must be learnt, and these are not glossed again on the facing-page vocabulary if they subsequently recur in the text. But there are two problems here. Neither *A World of Heroes* nor *The Intellectual Revolution* has an alphabetical list of the total learning vocabulary; and anyone who had not used *Reading Greek* would probably find words of which he did not know the meaning (but users of *Reading Greek* did) not being glossed on the facing page.

The purpose of *Greek Vocabulary* is to solve both problems. *Greek Vocabulary* contains the total learning vocabularies not only of *Reading Greek* but also of *A World of Heroes* and *The Intellectual Revolution* as well. Consequently, anyone is now in a position to take full advantage of what these texts offer: all vocabulary omitted from the facing page, as required to be learnt, is in *Greek Vocabulary*, all other vocabulary is on the facing page. We hope that all students of Greek literature will take advantage of this, since *A World of Heroes* and *The Intellectual Revolution* are designed to help any student to increase the fluency and range of their reading, and should be particularly useful for those who have grasped the basics and are now looking for a quick and encouraging *entrée* into the best Greek authors.

As any will know who have tried it, it is quite extraordinarily difficult to develop a sound rationale for the selection of vocabulary to be learnt, and even more difficult when one word, with many meanings, exhibits only one of them in the passage in hand. Again, what should one do about an uncommon word that happens to occur a lot in the passage in hand, or a common one that only happens to appear once? We have first and foremost tried to serve the needs of the readers of this selection of texts; but we have also given important words a wider range of meanings than the texts strictly need, for the purpose of coverage. In general we have given more rather than less help; and we have been free about quoting important or difficult stems in the vocabulary (rather in the fashion of Liddell and Scott's excellent abridged *Greek Lexicon*).

Again, we are well aware that a word-for-word translation of Greek into English is an impossibility (and usually a monstrosity too), yet this is what a word-for-word vocabulary, such as we offer in *Greek Vocabulary* and the facing-page glosses, elicits. We have done our best tŏ ensure that the sense that emerges from the use of the vocabularies is not too stilted, and urge students at all times to use our vocabularies as only the first step towards a translation that may turn out to be very different from that suggested by the glossing.

Peter V. Jones (Director)
Keith C. Sidwell (Second Writer)
Frances E. Corrie (Research Assistant)

September 1979

CONVENTIONS

1 Noun-types are indicated by a number and letter, e.g. a noun labelled
1a declines like βοή

1b: ἀπορία   3c: πλῆθος
1c: τόλμα   3d: τριήρης
1d: ναύτης, νεανίας   3e: πόλις, πρέσβυς
2a: ἄνθρωπος   3f: ἄστυ
2b: ἔργον   3g: βασιλεύς
3a: λιμήν   3h: ὀφρῦς
3b: πρᾶγμα

The stem of the noun, where needed, is quoted in brackets, e.g. λιμήν
(λιμεν-). The definite article indicates gender.

2 Adjectives are quoted as follows: καλός ή όν, βραχύς εῖα ύ, ἀληθής ές,
κακοδαίμων ον.

3 The most common alternative stem(s) of verbs are quoted
unaugmented in brackets after the lexicon form, e.g. μανθάνω (μαθ-).

ABBREVIATIONS

abs.(olute)
acc.(usative)
act.(ive)
adj.(ective)
adv.(erb)
aor.(ist)
art.(icle)
aug.(ment)
cf. (=confer) (Latin: 'compare')
comp.(arative)
cond.(ition)
conj.(ugated, ugation)
contr.(acted, action)
dat.(ive)
decl.(ension)
def.(inite)
del.(iberative)
dir.(ect)
f.(eminine)
fut.(ure)
gen.(itive)
imper.(ative)
impf.(=imperfect)
inc.(luding)
ind.(icative)
indec.(linable)
indef.(inite)
indir.(ect)
inf.(initive)
irr.(egular)
lit.(erally)
m.(asculine)
mid.(dle)
n.(euter)

nom.(inative)
opt.(ative)
part.(iciple)
pass.(ive)
perf.(ect)
pl.(ural)
plup.(erfect)
prep.(osition)
pres.(ent)
prim.(ary)
pron.(oun)
q.(uestion)
redupl.(icated, ication)
rel.(ative)
s.(ingular)
sc.(ilicet) (Latin: 'presumably')
sec.(ondary)
seq.(uence)
sp.(eech)
str.(ong)
subj.(unctive)
sup.(erlative)
tr.(anslate)
uncontr.(acted)
unfulf.(illed)
vb. (=verb)
voc.(ative)
wk (=weak)
1st, 2nd, 3rd *refer to persons of the verb, i.e.*
   1st s. ='I'
   2nd s. ='you'
   3rd s. ='he, she, it'
   1st pl. ='we'
   2nd pl. ='you'
   3rd pl. ='they'

A

ἀγαγ– aor. stem of ἄγω

ἀγαθός ή όν good, noble, courageous

ἄγαλμα (ἀγαλματ-), τό image, statue (3b)

ἀγαλματοποιός, ὁ sculptor (2a)

ἄγαν too much

ἀγανακτέω be displeased, angry

ἀγγέλλω (ἀγγειλ-) report, announce

ἄγγελος, ὁ messenger (2a)

ἄγε come! (s.)

ἀγείρω (ἀγειρ-, ἀγερθ-) gather together

ἀγνοέω be ignorant of, fail to understand

ἀγνός ή όν pure, holy

ἄγομαι bring for oneself; lead; marry; be regarded

ἀγορά, ἡ gathering(-place); market-place; agora (1b)

ἀγορεύω (εἰπ-) speak (in assembly); proclaim

ἄγρη, ἡ hunt (1a)

ἄγριος α ον wild, savage, fierce

ἄγροικος ον from the country, boorish

ἀγρός, ὁ field, country(side) (2a)

ἄγχι nearby

ἀγχοῦ near

ἄγω (ἀγαγ-) lead, bring

εἰρήνην ἄγω be at peace

ἀγών (ἀγων-), ὁ contest, trial, competition (3a)

ἀγωνίζομαι contest, go to law, compete

ἀδελφός, ὁ brother (2a)

ἀδικέω be unjust; commit a crime; wrong; injure

ἀδίκημα (ἀδικηματ-), τό crime, wrong (3b)

ἄδικος ον unjust, dishonest

ἀδύνατος ον impossible

ἀεί always, continually

ἀείδω sing

ἀεικής ές disgraceful

ἀεικίζω defile

ἀέκων = ἄκων

ἀθάνατος ον immortal

᾿Αθῆναι, αἱ Athens (1a)

᾿Αθηναῖος, ὁ Athenian (2a)

᾿Αθήνησι at Athens

ἄθλιος α ον pathetic, miserable, wretched, pitiful

ἀθροίζω gather, collect together

ἀθρόος α(η) ον all together, all at once, in a body

ἀθρόος η ον = ἀθρόος

ἀθυμέω be downhearted, gloomy,
  disheartened
ἀθυμία, ἡ lack of spirit, depression
  (1b)
ἄθυμος ον gloomy, discouraging,
  spiritless
αἰ=εἰ
αἰαῖ alas! (cry of astonishment or grief)
αἰγίοχος ον aegis-bearing
αἰδέομαι have respect for, feel shame
  in front of
Ἀίδης, ὁ Hades (god of the underworld)
  (1d/3a)
Ἅιδης, ὁ Hades (1d) (gen.
  can=Ἅιδος, dat. Ἅιδι)
αἰδοῖος α ον respected, respectable
αἰδώς, ἡ respect for others, shame
  (acc. αἰδῶ; gen. αἰδοῦς; dat.
  αἰδοῖ)
αἰεί=ἀεί
αἷμα (αἱματ-), τό blood; kin;
  murder (3b)
αἱματόεις εσσα εν bloody
αἰνέω approve, praise
αἴνιγμα (αἰνιγματ-), τό riddle (3b)
αἰνός ή όν terrible
αἱρέομαι (ἑλ-) choose, elect
αἱρέω (ἑλ-) take, capture; get the
  better of; convict
αἴρω (ἀρ-) lift, raise up; set sail; exalt;
  remove
αἶσα, ἡ fate, destiny (1c)
αἰσθάνομαι (αἰσθ-) perceive, notice,
  realise (+gen. or acc.)
αἴσιμος (η) ον fated
αἶσχος, τό reproach (3c)
αἰσχρός ά όν ugly (of people); base,
  shameful, disgraceful (comp.
  αἰσχίων, sup. αἴσχιστος)
αἰσχύνη, ἡ shame, disgrace (1a)

αἰσχύνομαι be ashamed; feel shame
  before
αἰτέω ask (for)
αἰτία, ἡ reason, cause; responsibility;
  charge, accusation (1b)
αἴτιος α ον responsible (for), guilty
  (of) (+gen.)
αἰχμή, ἡ spear-point (1a)
αἰών (αἰων-), ὁ life, lifetime; age (3a)
ἀκήκοα perf. ind. of ἀκούω
ἀκηκοώς υἶα ός (-οτ-) perf. part. of
  ἀκούω
ἀκίνδυνος ον free from danger
ἀκοή, ἡ hearing; report, tradition;
  hearsay (1a)
ἄκοιτις, ἡ wife
ἀκολουθέω follow, accompany
  (+dat.)
ἀκόλουθος, ὁ servant, slave (2a)
ἀκόντιον, τό javelin, spear (2b)
ἀκόσμητος ον unprovided for
ἀκούω hear, listen (to) (+gen. of
  person, gen. or acc. of thing)
  (fut. ἀκούσομαι)
ἀκριβῶς accurately, closely; exactly,
  carefully
ἀκρόπολις, ἡ Acropolis, citadel (3e)
ἄκρος α ον top
ἄκυρος ον invalid
ἄκων ἄκουσα ἄκον
  (ἀκοντ-) unwilling(ly)
ἁλ– aor. stem of ἁλίσκομαι
ἀλάστωρ (ἀλαστορ-), ὁ/ἡ avenging
  spirit, deity; wretch (3a)
ἀλγεινός ή όν painful, grievous
  (comp. ἀλγίων, sup. ἄλγιστος)
ἀλγέω feel pain; grieve; suffer
ἀλγηδών (ἀλγηδον-), ἡ pain, suffering
  (3a)
ἄλγος, τό grief, pain, suffering (3c)

ἀλγύνω grieve, distress

'Αλέξανδρος, ὁ Paris (2a)

ἀλέομαι (ἠλευάμην) avoid

ἀλήθεια, ἡ truth (1b)

ἀληθεύω tell the truth

ἀληθής ές true

τὰ ἀληθῆ (τἀληθῆ) the truth

ἀλής ές all together; thronged; in a mass

ἅλις in crowds; plenty; enough

ἁλίσκομαι (ἁλ-) be caught, overthrown; be convicted

ἀλκή, ἡ courage (1a)

'Αλκιβιάδης, ὁ Alkibiades (1d)

ἀλλ' οὖν well, anyway; however that may be

ἀλλά but; well; now

ἀλλήλους each other, one another (2a)

ἄλλοθεν from another place

ἄλλος η ο other, the rest of

ἄλλος ἄλλῃ one in one place, one in another

ἄλλος . . . ἄλλον . . . one . . . another

ἄλλοτε at other times

ἀλλότριος α ον someone else's; alien

ἄλλως otherwise; in vain

ἄλλως τε καί especially

ἄλογος ον speechless; without reason

ἄλοχος, ἡ wife (2a)

ἀμ- might = ἀνά

ἅμα at the same time, also; (+dat.) at the same time as, together with, at

ἀμαθής ές ignorant

ἀμαθία, ἡ ignorance, stupidity (1b)

ἁμαρτ- aor. stem of ἁμαρτάνω

ἁμαρτάνω (ἁμαρτ-) err; do wrong; make a mistake; (+gen.) miss

ἀμείβομαι answer, reply to (+acc.)

ἀμείνων ον (ἀμεινον-) better (comp.

of ἀγαθός)

ἀμελέω neglect (+gen.); be negligent, careless

ἀμελής ές uncaring

ἀμήχανος ον impossible, impracticable

ἅμιλλα, ἡ contest, conflict (1c)

ἄμμορος ον luckless

ἀμύμων ον (ἀμυμον-) noble, blameless, perfect, honourable

ἀμύνω keep off, withstand

ἀμφέρχομαι (ἀμφηλυθ-) surround (+acc.)

ἀμφί (+acc.) about, around

ἀμφιβαίνω go around; bestride; protect

ἀμφιμάχομαι assail, besiege

ἀμφίπολος, ἡ handmaiden (2a)

ἀμφισβητέω disagree, dispute, argue

ἀμφότερος α ον both

ἄν = ἐάν

ἄν (+ind.) conditional

(+opt.) potential/conditional

(+subj.) indefinite

ἀνά (+acc.) up, up along, up and down; throughout

ἀναβαίνω (ἀναβα-) go up; come up; come up before (εἰς +acc.); be 'had up'

ἀναβάς (ἀναβαντ-) aor. part. of ἀναβαίνω

ἀναβιβάζομαι bring up (as witness)

ἀναβλέπω look up

ἀναβοάω shout out

ἀναγκάζω force, compel

ἀναγκαίη = ἀνάγκη

ἀναγκ(αί)η ἐστί it is necessary for x (dat. or acc.) to y (inf.)

ἀναγκαῖος α ον necessary

ἀνάγκη, ἡ necessity, compulsion (1a)

ἀνάγομαι (ἀναγαγ-) set sail, put out to
sea
ἀναγωγή, ἡ setting sail, departure
(1b)
ἀναίδεια, ἡ shamelessness (1b)
ἀναιρέω (ἀνελ-) pick up
ἀναίτιος (α) ον innocent
ἀναλαμβάνω (ἀναλαβ-) take back, up
ἀναλίσκω (ἀναλωσ-) spend; use; kill
ἀναμένω (ἀναμειν-) wait, hold on
ἀναμιμνῄσκομαι
(ἀναμνησθ-) remember
ἄναξ (ἀνακτ-) lord, prince, king (3a)
ἀναπάλλω (ἀμπάλλω) balance,
brandish
ἀναπείθω persuade over to one's side
ἄνασσα, ἡ princess (1c)
ἀνάσσω rule (+dat.)
ἀνασῴζω recover, rescue
ἀναφαίνομαι appear openly
ἀναχωρέω retreat
ἀνδρεία, ἡ manliness, spirit (1b)
ἀνδρεῖος α ον brave, manly
Ἀνδρομάχη, ἡ Andromakhe (wife of
Hektor) (1a)
ἀνέλπιστος ον unhoped for,
unexpected
ἄνεμος, ὁ wind (2a)
ἀνερ- = ἀνδρ-
ἀνέστηκα = I am standing (perf. of
ἀνίσταμαι)
ἀνέστην I stood up, was set up (aor. of
ἀνίσταμαι)
ἀνεστώς ὦσα ός (ἀνεστοτ-) standing
(perf. part. of ἀνίσταμαι)
ἄνευ (+gen.) without
ἄνευθεν (+gen.) far from; distant
ἀνέχομαι put up with (+gen.); dare
to (+inf.)
ἀνέχω (ἀνασχ-) hold up, lift up

ἀνήρ (ἀνδρ-), ὁ man, husband (3a)
ἀνθάπτομαι seize; attack; grapple
with (+gen.)
ἀνθίσταμαι (ἀντιστα-) withstand
(+dat.)
ἄνθρωπος, ὁ/ἡ human being; man;
fellow
ἀνίημι (ἀνε(ι)-) urge, encourage; let
go, allow; neglect; release
ἀνίσταμαι (ἀναστα-) get up;
emigrate; stand up; be set up
ἀνόητος ον foolish
ἀνοίγνυμι (ἀν(ε)οιξ-) open
ἀνομία, ἡ lawlessness (1b)
ἀνόσιος (α) ον impious, unholy
ἀνταγορεύω (ἀντειπ-) say in reply
ἀντέχω (ἀντισχ-) hold one's ground,
hold out
ἀντί (+gen.) instead of, for,
counterbalancing
ἀντία (+gen.) in the face of; against
ἀντίδικος, ὁ contestant in a lawsuit
(2a)
ἀντίον = ἀντία
ἀντίος α ον face to face; opposite;
contrary
ἀντιπέμπω send in answer, reply
ἀντίσχω (ἀντισχ-) = ἀντέχω
Ἄνυτος, ὁ Anytos (2a)
ἄνω above, up
ἄνωγα (perf.) order(ed)
ἄνωθεν from above, on high
ἀξιόμαχος ον sufficient in strength to
(+inf.); a match for x (dat. or
πρός +acc.) in war
ἄξιος α ον worthy (of), deserving
(+gen.)
ἀξιόω expect; think worthy; honour;
resolve
ἄοπλος ον unarmed

ἀπαγγέλλω (ἀπαγγειλ-) announce, report

ἀπαγορεύω (ἀπειπ-) forbid

ἀπάγω (ἀπαγαγ-) lead, take away; arrest

ἄπαις (ἀπαιδ-) childless

ἀπαιτέω demand (x (acc.) from γ (acc.))

ἀπαλλάττω (ἀπαλλαξ-, ἀπαλλαγ-) set free, deliver, remove x (acc.) from γ (gen.) (mid./pass.) depart from, leave off, escape; be set free from

ἀπαμείβομαι reply

ἀπάνευθε(ν) from afar

ἅπαξ once only, once

ἅπας ἅπασα ἅπαν (ἁπαντ-) all, the whole of

ἀπέβην aor. of ἀποβαίνω

ἀπέδωκα aor. of ἀποδίδωμι

ἀπέθανον aor. of ἀποθνῄσκω

ἀπειθέω disobey (+dat.)

ἀπειλέω threaten (+dat.)

ἄπειμι be absent; go away

ἄπειρος ον inexperienced in (+gen.)

ἀπελ- aor. stem of ἀφαιρέω (Ionic)

ἀπελαύνω (ἀπελασ-) ride away; expel, exclude

ἀπελεύθερος, ὁ/ἡ freedman, woman (2a)

ἀπελθ- aor. stem of ἀπέρχομαι

ἀπέρχομαι (ἀπελθ-) go away, depart

ἀπέχομαι (ἀποσχ-) refrain, keep away from (+gen.)

ἀπῆλθον aor. of ἀπέρχομαι

ἀπήνη, ἡ carriage (1a)

ἀπιέναι inf. of ἀπέρχομαι/ἄπειμι

ἀπίημι = ἀφίημι

ἄπιθι imper. of ἀπέρχομαι/ἄπειμι

ἀπικνέομαι = ἀφικνέομαι

ἀπιστέω distrust, disbelieve (+dat.)

ἀπιών οὖσα ον going away

ἀπό (+gen.) from, away from

ἀποβαίνει (ἀποβα-) it turns out, results, succeeds

ἀποβαίνω (ἀποβα-) leave, depart; turn out, result; succeed

ἀποβλέπω look steadfastly at; glance aside at

ἀποδείκνυμι (ἀποδειξ-) represent as; consider as; produce; display; appoint; make

ἀποδίδομαι (ἀποδο-) sell

ἀποδιδράσκω (ἀποδρα-) run away, escape, flee

ἀποδίδωμι (ἀποδο-) give back, return

ἀποδο- aor. stem of ἀποδίδωμι

ἀποδραμ- aor. stem of ἀποτρέχω

ἀποδωσ- fut. stem of ἀποδίδωμι

ἀποθαν- aor. stem of ἀποθνῄσκω

ἀποθνῄσκω (ἀποθαν-) die

ἀποικέω dwell (far) from, emigrate

ἀποκρίνομαι (ἀποκριν-) answer

ἀπόκρισις, ἡ answer, reply (3e)

ἀποκρύπτω hide from sight; hide x (acc.) from γ (acc.); lose from sight

ἀποκτείνω (ἀποκτείν-) kill

ἀπολ- aor. pass. stem of ἀπόλλυμι

ἀπολαβ- aor. stem of ἀπολαμβάνω

ἀπολαμβάνω take, receive; regain; cut off

ἀπολάμπω shine out

ἀπολείπομαι (pass.) be deprived of (+gen.)

ἀπολείπω (ἀπολιπ-) leave, desert, abandon

ἀπολεσ- aor. stem of ἀπόλλυμι

ἄπολις without a city; banished

ἀπόλλυμι (ἀπολεσ-, ἀπολ-) kill, ruin, destroy, lose
ἀπωλόμην (ἀπολ-) I was killed
ἀπόλωλα I am lost, dead
'Απόλλων ('Απολλων-), ὁ Apollo (3a) (god of plague and prophecy)
ἀπολογέομαι defend oneself, speak in one's defence
ἀπολογία, ἡ speech in one's defence (1b)
ἀπολύω acquit, release
ἀπόλωλα I am done for, lost (ἀπόλλυμι)
ἀποπέμπομαι send away, dismiss, get rid of
ἀποπέμπω send away, divorce
ἀπορέω have no resources, be at a loss, not know what to do
ἀπορία, ἡ lack of provisions; want; perplexity; difficulty, problem (1b)
ἀποσεύομαι (ἀπεσσυ-) run away, flee
ἀποστέλλω (ἀποστειλ-) dispatch; banish
ἀποστερέω withhold, deprive of, rob
ἀποστρέφομαι (ἀποστραφ-) turn aside, turn away
ἀποτίνω (ἀποτ(ε)ισ-) pay for
ἀποτρέπω avert, divert, turn away
ἀποτρέχω (ἀποδραμ-) run away, run off
ἀποφαίνω (ἀποφην-) reveal, show
ἀποφέρομαι bring back for oneself; carry off
ἀποφέρω (ἀπενεγκ-) carry back, carry away (to)
ἀποφεύγω (ἀποφυγ-) escape, run off; get off
ἀποφην- aor. stem of ἀποφαίνω
ἀποχωρέω go away, depart

ἀποψηφίζομαι vote against; reject; acquit (+gen.)
ἅπτομαι touch (+gen.)
ἅπτω light, fasten, fix
ἀπώλεσα aor. of ἀπόλλυμι
ἄρ=ἄρα
ἄρα then, consequently (marks an inference); straightaway
ἆρα; ? (dir. q.) (see also μή)
ἀρά, ἡ curse (1b)
'Αργεῖοι, οἱ Argives (2a)
'Αργεῖος α ον Greek, Argive
ἀργύριον, τό silver, money (2b)
ἀρέσκω please (+dat.)
ἀρετή, ἡ courage, excellence, quality; virtue (1a)
"Αρης, ὁ Ares, god of war
ἀριθμός, ὁ number, amount; quantity (2a)
ἄριστος η ον best; most courageous (sup. of ἀγαθός)
ἁρπάζω seize, plunder, snatch
ἀρρωδέω (=ὀρρωδέω) fear, dread
'Αρτάβανος, ὁ Artabanos (2a)
ἀρτί(ως) newly, recently, just now
ἀρχαῖος α ον ancient, old; former
ἀρχή, ἡ beginning; rule, office, position; board of magistrates; empire (1a)
ἀρχῆθεν from long ago
ἄρχομαι (mid.) begin; (pass.) be ruled over
ἄρχω rule, begin, be in command (+gen.)
ἄρχων (ἀρχοντ-) arkhon (3a)
ἀσαφής ές obscure, unclear
ἀσέβεια, ἡ irreverence to the gods (1b)
ἀσεβέω (εἰς) commit sacrilege upon
ἀσθένεια, ἡ illness, weakness (1b)

ἀσθενέω be ill, fall ill
ἀσθενής ές weak, ill
ἄσμενος η ον glad, pleased
ἀσπάζομαι greet, welcome
ἀσπερχές unceasingly
ἄσπις (ἀσπιδ-), ἡ shield (3a)
ἆσσον nearer
ἀστή, ἡ female citizen (1a)
ἀστήρ (ἀστερ-), ὁ star (dat. pl.
   ἄστρασι) (3a)
ἀστός, ὁ male citizen (2a)
ἄστυ, τό city, town (3f)
ἀσφαλής ές secure, safe
ἀτάρ but
ἅτε since, seeing that (+part.)
ἀτεχνῶς literally, simply, just
ἀτιμάζω dishonour
ἀτιμία, ἡ loss of citizen rights (1b)
ἄτιμος ον deprived of citizen rights
ἀτρεκέως accurately, truly
αὖ again, moreover
αὐδάω speak, say, utter, tell
αὐδή, ἡ voice, noise (1a)
αὖθις again
αὐλή, ἡ courtyard, hall (1a)
ἄυπνος ον sleepless
αὔριον tomorrow
αὐτάρ but, then
αὖτε again, furthermore; on the other
   hand
αὐτίκα at once, immediately; of the
   moment
αὖτις = αὖθις
αὐτόθεν from there
αὐτόν ήν ό him, her, it, them
αὐτός ή ό self
   ὁ αὐτός the same
αὔτως simply, without more ado
ἀφαιρέομαι (ἀφελ-) take x (acc.) from
   Y (acc.), claim

ἀφαιρέω (ἀφελ-) take away (from),
   remove
ἀφαμαρτάνω (ἀφαμαρτ-) lose, be
   deprived
ἀφειλόμην aor. of ἀφαιρέομαι
ἀφεῖναι aor. inf. of ἀφίημι
ἀφελ- aor. stem of ἀφαιρέω
ἀφέλκω (ἀφελκυσ-) drag off
ἀφίημι (ἀφε(ι)-) release, let go, neglect
ἀφικάνω come, arrive
ἀφικνέομαι (ἀφικ-) arrive, come
ἀφικόμην aor. of ἀφικνέομαι
ἀφίσταμαι (ἀποστα-) relinquish
   claim to; revolt from (+gen.);
   be removed
ἀφορμάομαι (ἀφορμηθ-) start off,
   depart
'Αφροδίτη, ἡ Aphrodite (1a)
'Αχαιοί, οἱ Akhaians, Greeks (2a)
ἄχαρις ἄχαρι unpleasant, disagreeable
ἄχθομαι (ἀχθεσ-) be annoyed,
   disgusted at (+dat.); be irritated
'Αχιλλεύς, ὁ Akhilleus (Achilles) (3g)
ἄχνυμαι grieve
ἄχος, τό pain, distress, sorrow, grief,
   depression (3c)
ἄψ back again

B

βαδίζω walk, go (fut. βαδιοῦμαι)
βαθύς εῖα ύ deep
βαίνω (βα-, βη-) go, come; walk
βάλλω (βαλ-) hit, throw, attack, pelt
βάρβαρος ον barbarian, foreign
βάρος, τό weight, burden (3c)
βαρύς εῖα ύ heavy, weighty
   βαρέως φέρω take badly, find hard
   to bear
βασιλεύς, ὁ king, king arkhon (3g)
βασιλεύω be king (arkhon); be queen

βασιλικός ή όν royal, kingly
βέβαιος (α) ον secure
βεβώς (βεβωτ-) perf. part. of βαίνω
βέλος, τό missile (3c)
βέλτιστος η ον best
βελτίων ον (βελτιον-) better
βία, ή force, violence (1a)
    πρὸς βίαν by force
βιάζομαι use force, force
βίος, ὁ life; means; livelihood (2a)
βίοτος, ὁ life, means of life (2a)
βλάπτω mislead; hurt, injure;
    damage, distract
βλέπω look (at)
βληθείς εῖσα ἐν (βληθεντ-) aor. part.
    pass. of βάλλω
βλώσκω (μολ-, μεμβλωκ-) go
βοάω shout (for)
βοή, ή shout (1a)
βοήθεια, ή help, rescue (operation)
    (1b)
βοηθέω (run to) help (+dat.)
βοτήρ (βοτηρ-), ὁ herdsman (3a)
βούλευμα (βουλευματ-),
    τό resolution, purpose (3b)
βουλεύομαι discuss, take advice
βουλευτής, ὁ member of council
    (1d)
βουλεύω plot against (+dat.);
    resolve, determine, deliberate
βουλή, ή council; counsel, advice (1a)
βούλομαι (βουληθ-) wish, want
βοῦς (βο-), ὁ/ή ox, bull, cow
βραδύς εῖα ύ slow (comp. βραδίων,
    sup. βράδιστος)
βραχύς εῖα ύ short, brief, limited,
    restricted
βρότειος (α) ον mortal, human
βροτός, ὁ mortal, man (2a)
βωμός, ὁ altar (2a)

Γ

'γαθέ = ἀγαθέ
γαῖα, ή = γῆ
γαμέω (γημ-) marry
γαμός, ὁ marriage (2a)
γάρ for, because, since
γάρ δή really, I assure you
γε at least; at any rate
γεγένημαι perf. of γίγνομαι
γεγενημένα, τά events, occurrences
    (2b)
γέγονα perf. of γίγνομαι
γεγονώς υἷα ός perf. part. of γίγνομαι
γεγώς γεγῶσα γεγός perf. part. of
    γίγνομαι
γείτων (γειτον-), ὁ neighbour (3a)
γελάω (γελασ-) laugh
γέλως (γελωτ-), ὁ laughter
    (alternative acc. s. γέλων) (3a)
γεν- aor. stem of γίγνομαι
γενεά, ή race, family (1b)
γένεσις, ή birth (3e)
γενναῖος α ον noble, fine
γεννητής, ὁ member of a genos; parent
    (1d)
γένος, τό race; kind; genos (3c)
γεραιός ά όν old
γέρων (γεροντ-), ὁ old man (3a)
γεῦμα (γευματ-), τό taste (3b)
γεύομαι taste
γεωργός, ὁ farmer (2a)
γῆ, ή land, earth (1a)
γημ- aor. stem of γαμέω
γίγνομαι (γεν-) become, be, be born,
    happen, take place
γιγνώσκω (γνο-) know, recognise,
    think, resolve, decide
γίνομαι = γίγνομαι
γλαυκῶπις (γλαυκωπιδ-),
    ή grey-eyed

γλαφυρός ά όν hollow
γλυκύς εἶα ύ sweet
γλῶσσα, ἡ tongue (1c)
γνήσιος a ον legitimate, genuine
γνούς γνοῦσα γνόν (γνοντ-) aor. part.
 of γιγνώσκω
γνώμη, ἡ judgment, mind, opinion,
 purpose, intelligence (1a)
γοάω lament
γόνυ (γονατ-), τό knee (3b)
γόος, ὁ lament (2a)
γοῦν at any rate
γοῦνα, τά knees (2b) (or γούνατα (3b))
γραῦς (γρα-), ἡ old woman (acc. s.
 γραῦν; acc. pl. γραῦς)
γραφή, ἡ indictment, charge, case;
 writing, drawing (1a)
 γραφήν γράφομαι indict x (acc.) on
 a charge of y (gen.)
γράφομαι indict, charge
γράφω propose; write
Γύλιππος, ὁ Gylippos (Spartan leader
 of Syracusan forces) (2a)
γυμνός ή όν naked
γυνή (γυναικ-), ἡ woman, wife (3a)

Δ

δαιμόνιε 'one under a daimon's
 influence' tr. 'what is up with
 you?'
δαίμων (δαιμον-), ὁ god, demon (3a)
δακ- aor. stem of δάκνω
δάκνω (δακ-) bite, worry
δάκρυ, τό tear (3b)
δακρυόεις εσσα εν in tears, weeping
δάκρυον, τό tear (3b)
δακρύω weep
δαμάζω (δαμασ-, pass. δαμ-
 δεδμημεν-) conquer, subdue;
 build

Δαρδάνιος a ον Trojan
δέ and, but, then
δέδοικα I fear, am afraid
δέδορκα see, look upon (perf. of
 δέρκομαι)
δεησ- fut. of δέω
δεῖ it is necessary for x (acc.) to y
 (inf.)
δείδια I fear (perf.) (part. δε(ι)διώς)
δείδω (δεισ- δεδοικ- δεδι-) fear, be
 alarmed, anxious
δείκνυμι (δειξ-) show
δειλός ή όν miserable, wretched,
 cowardly
δεῖμα (δειματ-), τό object of fear (3b)

δεινός ή όν terrible, dire; astonishing;
 clever at(+inf.)
δέκα ten
δέκομαι = δέχομαι
Δελφοί, αἱ Delphi (2a)
δέμνια, τά bedding (2b)
δένδρον, τό tree (2b)
δεξιά, ἡ right hand (1b)
δεξιός ά όν right, clever
δέομαι (δεηθ-) need, implore, ask
 (+gen.)
δέον it being necessary
δέρμα (δερματ-), τό skin (3b)
δεσμός, ὁ bond (2a)
δεσμωτήριον, τό prison (2b)
δέσποινα, ἡ mistress (1c)
δεσπότης, ὁ master (1d)
δεῦρο here, over here
δεύτερα secondly
δεύτερος a ον second
δέχομαι receive
δέω need, want, lack (+gen.)
 πολλοῦ δέω I am far from
 πολλοῦ δεῖ far from it!

δή then, indeed (*stressing*)
Δηίφοβος, ὁ Deiphobos (*a Trojan*)
(2a)
δῆλος η ον clear, obvious
δηλόω show, reveal, declare
Δημάρητος ὁ Demaratos (*exiled king of Sparta*) (2a)
δημιουργικός ή όν technical
δημιουργός, ὁ craftsman, worker, expert (2a)
δῆμος, ὁ people; deme; democracy (2a)
Δημοσθένης, ὁ Demosthenes (3d)
δημοσίᾳ publicly
δημοσιεύω serve in public office
δημόσιος α ον public, of the state, common
δήξομαι fut. of δάκνω
δήπου of course; surely
δῆτα then (*stressing*)
δηχθ– aor. pass. stem of δάκνω
διά (+acc.) because of
(+gen.) through, across
διὰ τί; why?
διαβαίνω (διαβα-) cross
διαβάλλω (διαβαλ-) slander; cross over
διαβολή, ἡ slander (1a)
διαγορεύω (διειπ-) declare, solve
διάγω (διαγαγ-) carry over; pass, spend (of time); live; keep, maintain
διαιτάομαι live, lead a life
διάκειμαι be in x (adv.) state, mood
διακινδυνεύω take all risks
διακόσιοι αι α 200
διακρίνω (διακριν-) judge between, decide
διακωλύω prevent
διαλέγομαι (διαλεχθ-) converse

διαλείπω (διαλιπ-) leave
διαμάχομαι (διαμαχεσ-) fight, contend
διανοέομαι (διανοηθ-) intend, plan
διάνοια, ἡ intention, plan (1b)
διαπράττομαι (διαπραξ-) do, perform, act
διασεύομαι (διεσσυ-) dart through
διασῴζω preserve
διατελέω (διατελεσ-) accomplish, continue, live
διατίθημι (διαθε-) dispose; put x (acc.) in y (adv.) state; manage; treat
διατριβή, ἡ delay; pastime; discussion; way of life (1a)
διατρίβω pass time, waste time
διαφέρω (διενεγκ-) differ from (+gen.); make a difference; be superior to (+gen.)
διαφεύγω (διαφυγ-) get away, run free, flee; be acquitted
διαφθαρήσομαι fut. pass. of διαφθείρω
διαφθείρω (διαφθειρ-) corrupt; destroy; kill; alter; change
διάφορος ον different, at variance with; superior
διαφυγή, ἡ means of escape (1a)
διαχράομαι use constantly, habitually (+dat.)
διδακτός ή όν taught; that can be taught
διδάσκαλος, ὁ teacher (2a)
διδάσκω teach
δίδωμι (δο-) give, grant
δίκην δίδωμι be punished, pay the penalty
διεξέρχομαι (διεξελθ-) go through, relate (fut. διέξειμι)

διέρχομαι (διελθ-) go through, relate
διεφθάρμην plup. pass. of διαφθείρω
διηγέομαι explain, relate, go through
δικάζω be a juror; judge
δίκαιος a ον just, honest, upright
δικαιοσύνη, ἡ justice, honesty (1a)
δικανικός ή όν judicial
δικαστήριον, τό law-court (2b)
δικαστής, ὁ juror, dikast (1a)
δίκη, ἡ lawsuit; (legal) satisfaction;
    justice; penalty (1a)
    δίκην δίδωμι be punished, pay the
      penalty
    δίκην λαμβάνω punish, exact one's
      due from (παρά + gen.)
διοικέω administer, run
διοίκησις, ἡ management,
    administration, government (3e)
διόλλυμι (διολεσ-) forget, destroy
    utterly
Διομήδης, ὁ Diomedes (great Greek
    warrior) (3d)
δίον I fled in fear (δείδω)
δῖος α ον godlike
διότι because
διπλόος η ον double (contr. διπλοῦς)
δίς twice
δίψα, ἡ thirst (1c)
διώκω pursue, prosecute
δμωή, ἡ female slave, maidservant
    (1a)
δο– aor. stem of δίδωμι
δοκεῖ it seems a good idea to x (dat.)
    to y (inf.); x (dat.) decides to,
    agrees
δοκέω seem; be thought; consider
    (self) to be
δολιχόσκιος ον long-shadowing
δόλος, ὁ trick; cunning; treachery
    (2a)

δόμος, ὁ house, home (and pl.) (2a)
δόξα, ἡ reputation, opinion (1c)
δοξάζω think, imagine; hold an
    opinion
δόρυ (δο(υ)ρατ-, δο(υ)ρ-), τό spear;
    tree (3b)
δοῦλος, ὁ slave (2a)
δουλόω enslave
δούς δοῦσα δόν (δοντ-) aor. part. of
    δίδωμι
δρᾶμα (δραματ-), τό play, drama
    (3b)
δραχμή, ἡ drachma (coin) (pay for two
    days' attendance at the ekklesia)
    (1a)
δράω (δρασ-) do, act
δύναμαι (δυνηθ-) be able
δύναμις, ἡ power, ability, faculty,
    force (3e)
δυνατός ή όν able, possible
δύ(ν)ω (δυ-) enter, get into
δύο two
δυοκαίδεκα twelve
δυσάμμορος ον most miserable
δυσμενής ές hostile
δύσμορος ον ill-starred
δύσποτμος ον unlucky, cursed,
    ill-starred
δυσσεβής ές impious, ungodly,
    profane
δύστηνος η ον wretched, miserable;
    disastrous
δυστυχής ές unlucky, unfortunate
δυστυχία, ἡ misfortune (1b)
δώδεκα twelve
δῶκαν 3rd pl. aor. of δίδωμι
δῶμα (δωματ-), τό house (often pl.)
    (3b)
δωρέω bestow, give as a gift
δῶρον, τό gift, bribe (2b)

E

ἐ- augment (remove, and look again
    under verb stem)
ἑ him, her, it (enclitic)
ἐάν (+subj.) if (ever)
ἑαυτόν ἥν ό him/her/itself
ἐάω (ἐασ-) allow, permit; let alone
ἐγγενής ές native, inborn
ἐγγράφω enrol, enlist
ἐγγυάω engage, promise
ἐγγύθεν from near at hand
ἐγγύθι = ἐγγύς
ἐγγύς (+gen.) near, nearby
ἐγείρω arouse, awake (perf.
    ἐγρήγορα = I am awake)
ἐγκλείω shut in, lock in
ἔγνων aor. of γιγνώσκω
ἐγχειρέω attempt, try; attack (+dat.)
ἔγχος, τό weapon, spear (3c)
ἐγώ I
ἔγωγε I at least; I for my part
ἐγών = ἐγώ
ἐδόθην aor. pass. of δίδωμι
ἔδομαι fut. of ἐσθίω (do not confuse
    with ἔδει, past of δεῖ)
ἔδω eat, devour
ἔδωκα aor. of δίδωμι
ἕζομαι sit, duck
ἔην = ἦν
ἐθέλω (ἐθελησ-) wish, want
ἔθεσαν 3rd pl. aor. of τίθημι
ἐθηκ- aor. of τίθημι
ἔθνος, τό nation, tribe (3c)
ἔθος, τό manner, habit (3c)
ἔθρεψα aor. of τρέφω
εἰ if
εἶ 2nd s. of εἰμί 'be' or εἶμι 'shall go'
εἴασα aor. of ἐάω
εἰ δ' ἄγε come now
εἰδείην opt. of οἶδα

εἰδέναι inf. of οἶδα
εἶδον aor. of ὁράω
εἰδώς εἰδυῖα εἰδός (εἰδοτ-) knowing
    (part. of οἶδα)
εἶεν very well then!
εἴθε (+opt.) I wish that! If only!
εἰκάζω compare; guess
εἰκός probable, reasonable, fair
εἴκοσι (ν) twenty
εἰκότως reasonably, rightly
εἰκώς υἶα ός like, resembling (+dat.)
εἰλήλουθα = ἐλήλυθα
εἴληφα perf. of λαμβάνω
εἱλόμην aor. of αἱρέομαι
εἵλω (ἑλσ-, ἀλ-) shut in, block
εἱμαρμένος η ον allotted, appointed
εἵματα, τά clothes (3b)
εἱμέν = ἐσμέν
εἰμί be
εἶμι shall go (inf. ἰέναι; impf. ᾖα I
    went)
εἰν = ἐν
εἶναι to be (inf. of εἰμί)
εἵνεκα = ἕνεκα
εἰπ- aor. stem of λέγω or ἀγορεύω
εἶπα = wk aor. form of εἶπον
εἶπον aor. of λέγω or ἀγορεύω
εἴρηκα I have said (perf. of λέγω)
εἴρημαι I have been said (perf. pass. of
    λέγω)
εἰρήνη, ἡ peace (1a)
    εἰρήνην ἄγω live in, be at peace
ἔ(ι)ρομαι ask about, inquire; ask x
    (acc.) Y (acc.)
εἰς (+acc.) to, into, onto; with
    regard to, in relation to
εἶς 2nd s. of εἰμί or εἶμι
εἷς μία ἕν(ἑν-) one
εἰσαγγελία, ἡ impeachment (1b)
εἰσαγγέλλω (εἰσαγγειλ-) impeach
εἰσάγω (εἰσαγαγ-) introduce
εἰσαεί always
εἰσβαίνω (εἰσβα-) board, go into

εἰσεληλυθώς υἶα ός
(εἰσεληλυθοτ-) perf. part. of
εἰσέρχομαι
εἰσελθ– aor. stem of εἰσέρχομαι
εἰσέρχομαι (εἰσελθ-) enter
εἰσῇα impf. of εἰσέρχομαι/εἴσειμι
εἰσήγαγον aor. of εἰσάγω
εἰσῆλθον aor. of εἰσέρχομαι
εἰσιδ– aor. stem of εἰσοράω
εἰσιέναι inf. of εἰσέρχομαι/εἴσειμι
εἰσιών οὖσα όν (-οντ-) part. of
εἰσέρχομαι/εἴσειμι
εἴσομαι fut. of οἶδα
εἰσοράω (εἰσιδ-) behold, look at
εἰσπέμπω send in
εἰσπεσ– aor. stem of εἰσπίπτω
εἰσπίπτω (εἰσπεσ-) fall into, on
εἰσφέρω (εἰσενεγκ-) bring, carry in
εἴσω inside; within (+gen.)
εἶτα then, next
εἴτε ... εἴτε whether ... or
εἶχον impf. of ἔχω
εἴωθα I am accustomed
εἰωθώς υἶα ός (εἰωθοτ-) customary,
usual
ἐκ (+gen.) out of, from
Ἑκάβη, ἡ Hekabe, Priam's wife (1a)
ἑκάεργος, ὁ far-shooter (i.e. Apollo)
(2a)
ἕκαστος η ον each
ἑκάτερος α ον each (of two)
ἐκβαίνω (ἐκβα-) turn out; disembark;
depart from
ἐκβαίνω ἐς τοῦτο come to such a
pitch of
ἐκβαλ– aor. stem of ἐκβάλλω
ἐκβάλλω (ἐκβαλ-) throw out;
divorce; break down, break
open
ἐκβεβλημένος η ον perf. part. pass. of

ἐκβάλλω
ἐκβληθείς εἶσα έν (-εντ-) aor. pass.
part. of ἐκβάλλω
ἔκγονος, ὁ descendant, offspring
(2a)
ἐκδέχομαι receive in turn
ἐκδιδάσκω expound, explain
ἐκδίδωμι (ἐκδο-) give in marriage
ἐκδύομαι undress
ἐκεῖ there
ἐκεῖθεν from there
ἐκεῖνος η ο that, (s)he
ἐκεινοσί that there (pointing)
ἐκεῖσε (to) there
ἐκκλησία, ἡ assembly, ekklesia (1b)
ἐκλάμπω blaze out, shine out
ἐκλανθάνομαι forget utterly
ἐκλείπω (ἐκλιπ-) desert, abandon;
pass over; cease
ἐκλύομαι release
ἐκλύω set free, end, relax
ἐκμανθάνω (ἐκμαθ-) learn
thoroughly
ἐκπείθω over-persuade
ἐκπέμπω send out, divorce
ἐκπεσ– aor. stem of ἐκπίπτω
ἐκπίπτω (ἐκπεσ-) be thrown out,
divorced
ἐκπλέω (ἐκπλευσ-) sail out, off
ἔκπληξις, ἡ panic, fear, consternation
(3e)
ἐκπλήττω shock, amaze; frighten
ἔκπλους, ὁ exit, sailing out (contr. of
ἔκπλοος) (2a)
ἐκπορίζω supply, provide
ἐκπράττω bring to pass, accomplish
ἐκρίπτω hurl out
ἐκσώζω save
ἐκτίνω (ἐκτεισ-) pay
ἔκτοθι (+gen.) outside

ἐκτρέπω turn aside, order out of the way

ἐκτρέφω (ἐκθρεψ-) bring up

ἐκτρέχω (ἐκδραμ-) run out

Ἕκτωρ (Ἕκτορ-), ὁ Hektor (3a)

ἐκφαίνομαι stand plainly revealed

ἐκφέρω (ἐξενεγκ-) carry out (often for burial)

ἐκφεύγω (ἐκφυγ-) escape, be beyond

ἐκφοβέομαι fear greatly

ἐκφοβέω terrify

ἐκφορέω carry off

ἐκφυγ– aor. stem of ἐκφεύγω

ἐκφύω beget

ἑκών οὖσα όν (-οντ-) willing(ly)

ἑλ- aor. stem of αἱρέω

ἔλαβον aor. of λαμβάνω

ἔλαθον aor. of λανθάνω

ἐλάττων ον (ἐλαττον-) smaller; fewer; less

ἐλαύνω (ἐλασ(σ)-) drive; strike; drive out; expel; force

ἐλάχιστος η ον smallest, least; shortest; fewest

ἔλαχον aor. of λαγχάνω

ἔλεγχος, ὁ examination, refutation (2a)

ἐλέγχω (try to) refute, argue with, subject to test

ἐλεεινός ή όν piteous, pitying; sad, mournful

ἐλεέω have pity, mercy on

ἐλεινός ή όν = ἐλεεινός

Ἑλένη, ἡ Helen (of Troy) (1a)

ἐλευθερία, ἡ freedom (1b)

ἐλεύθερος α ον free

ἐλευθερόω set free

ἐλήλυθα perf. of ἔρχομαι

ἐλήφθην aor. pass. of λαμβάνω

ἐλθ– aor. stem of ἔρχομαι

ἐλθέ come!

ἔλιπον aor. of λείπω

ἑλκ(έ)ω drag; violate; lift up

Ἕλλας (Ἕλλαδ-), ἡ Greece (3a)

Ἕλλην (Ἕλλην-), ὁ Greek (3a)

Ἑλληνικός ή όν Greek

Ἑλληνίς (Ἑλληνιδ-), ἡ Greek woman (3a)

Ἑλλήσποντος, ὁ Hellespont (2a)

ἐλπίζω hope, expect (+fut. inf.)

ἐλπίς (ἐλπιδ-), ἡ hope (3a)

ἔμαθον aor. of μανθάνω

ἐμαυτόν ήν myself

ἐμβαίνω (ἐμβα-) embark, board

ἐμεωυτόν = ἐμαυτόν

ἔμμεναι = εἶναι

ἐμμένω (ἐμμειν-) stand by, remain true to (+dat.)

ἔμολον aor. of βλώσκω

ἐμός ή όν my, mine

ἔμπειρος ον skilled, experienced

ἐμπεσ– aor. stem of ἐμπίπτω

ἐμπίμπλημι (ἐμπλησ-) fill

ἐμπίπρημι (ἐμπρησ-) burn

ἐμπίπτω (ἐμπεσ-) fall into, on, upon

ἐμπορεύομαι make one's way

ἔμπροσθεν (+gen.) before; previously

ἐμφανής ές open, obvious

ἐμφύομαι (ἐνέφυν) χειρί clasp by the hand

ἐμφύω be set by nature on (+dat.)

ἐν (+gen.) in the house of (+dat.) in, on, among

ἐν τάχει at once

ἐν τούτῳ meanwhile

ἐν- stem of εἷς

ἐνάγω (ἐναγαγ-) urge, persuade

ἐναντίοι, οἱ the enemy (2a)

ἐναντίον (+gen.) opposite, in front of

ἐναντιόομαι (ἐναντιωθ-) oppose, set oneself against; withstand (+dat.)

ἐναντίος α ον opposite, facing, face to face

ἐνδεής ές wanting; lacking; in need of (+gen.)

ἐνδείκνυμι (ἐνδειξ-) lay information against; court (+dat.); show, prove

ἐνδίδωμι (ἐνδο-) give way, surrender

ἔνδικος ον right, true

ἔνδον inside

ἐνεγκ- aor. stem of φέρω

ἔνειμι be in

ἕνεκα (+gen.) because, for the sake of (usually follows its noun)

ἐνέπεσον aor. of ἐμπίπτω

ἐνέχυρον, τό security, pledge (2b)

ἔνθα there, where

ἐνθάδε here

ἐνθαῦτα = ἐνταῦθα

ἐνθυμέομαι take to heart, be angry at; have in mind

ἐνί = ἐν

ἐν(ν)έπω (ἐνισπ-) order, tell; speak; address

ἐννοέω (-ομαι) plan, intend; consider, reflect upon, understand

ἐνταῦθα here, at this point

ἐντέλλομαι (ἐντειλ-) command, enjoin (+dat.)

ἐντεῦθεν from then, from there

ἐντίθημι (ἐνθε-) place, put in

ἐντός (+gen.) within, inside

ἔντοσθεν inside; from within

ἐντρέπομαι pay attention to

ἐντυγχάνω (ἐντυχ-) meet with, come upon (+dat.)

ἐξ = ἐκ

ἐξαγορεύω (ἐξειπ-) tell out, declare

ἐξάγω (ἐξαγαγ-) lead, bring out

ἐξαιρέω (ἐξελ-) destroy, take out, remove

ἐξαίφνης suddenly

ἐξαμαρτάνω (ἐξαμαρτ-) make a mistake

ἐξαπατάω deceive, trick

ἐξέβαλον aor. of ἐκβάλλω

ἐξεδόθην aor. pass. of ἐκδίδωμι

ἐξέδωκα aor. act. of ἐκδίδωμι

ἐξειπεῖν aor. inf. of ἐξαγορεύω

ἐξελαύνω (ἐξελασ-) drive out, expel, exile

ἐξελέγχω convict, refute, expose

ἐξελθ- aor. stem of ἐξέρχομαι

ἐξεπίσταμαι know thoroughly, well

ἐξεργάζομαι work out, accomplish; destroy

ἐξέρχομαι (ἐξελθ-) go out, come out; turn out to be true

ἔξεστι it is possible for x (dat.) to y (inf.)

ἐξετάζω question closely

ἐξευρ- aor. stem of ἐξευρίσκω

ἐξευρίσκω (ἐξευρ-) find out

ἐξεύχομαι pray earnestly for; boast aloud

ἐξήκω turn out (to be true)

ἐξῆλθον aor. of ἐξέρχομαι

ἐξήνεγκα wk aor. of ἐκφέρω

ἐξιέναι inf. of ἐξέρχομαι/ἔξειμι

ἐξικετεύω persuade by entreaty

ἐξόν it being permitted, possible

ἐξονομάζω utter aloud

ἔξω (+gen.) outside

ἔξωθεν (+gen.) outside

ἔοικα seem, resemble (+dat.)

ἔοικε it seems; is reasonable; is right for (+dat.)

ἑός ἥ όν=ὅς ἥ ὅν one's own
ἐπαγγέλλω (ἐπαγγειλ-) order
ἔπαθον aor. of πάσχω
ἐπαινέω (ἐπαινεσ-) praise, commend,
    agree
ἐπαισθάνομαι have a perception of
    (+gen.)
ἐπαΐσσω (ἐπαιξ-) swoop on
ἐπακούω hear, listen to (+gen.)
ἐπανελθ- aor. stem of ἐπανέρχομαι
ἐπανερ- ask
ἐπανέρχομαι (ἐπανελθ-) return
ἐπανῆλθον aor. of ἐπανέρχομαι
ἐπεί since, when, because
ἐπείγομαι hurry, hasten; be eager
ἐπείγω drive, urge on
ἐπειδάν (+subj.) when(ever)
ἐπειδή since, when, because
ἐπε(ι)ρωτάω ask a question about
    (+acc.); consult, inquire of
ἐπεισέρχομαι (ἐπεισελθ-) attack
ἔπειτα then, next
ἐπείτε when, since
ἐπέρχομαι (ἐπελθ-) go against, attack
ἐπέσχον aor. of ἐπέχω
ἐπεύχομαι (ἐπευξ-) pray, make a vow
ἐπέχω (ἐπισχ-) hold on, restrain,
    check
ἐπί (+acc.) at, against, to
    (+gen.) on; in the time of; to,
    towards
    (+dat.) at, near, on; for the
    purpose of; with a view to; at the
    head of; in addition to
ἐπὶ πολύ for a long time
ἐπὶ τούτῳ on this condition
Ἐπιάλτης, ὁ Ephialtes (a Greek
    traitor) (1d)
ἐπιβάτης, ὁ marine, soldier on board
    ship (1d)

ἐπιβοάω (or -ομαι) cry out to, call
    upon x (dat.) to y (inf.)
ἐπιγίγνομαι (ἐπιγεν-) come, fall upon
    (+dat.); follow; happen; be born
    after
ἐπιδείκνυμι (ἐπιδειξ-) prove, show,
    demonstrate; exhibit, display
ἐπιδημέω come to town, be in town
ἐπιδίδωμι (ἐπιδο-) increase; advance;
    progress; bestow, offer
ἐπιεικής ές reasonable, moderate, fair
ἐπιθόμην aor. of πείθομαι
ἐπιθυμέω desire, yearn for (+gen.)
ἐπιθυμία, ἡ desire, passion (1b)
ἐπικαλέομαι call upon (to witness)
ἐπικαταβαίνω (ἐπικαταβα-) go
    down, go down after
ἐπίκειμαι be laid upon, press on; lie
    over against
ἐπικρατέω be victorious, prevail
    over; be superior to (+gen.)
ἐπιλανθάνομαι (ἐπιλαθ-) forget
    (+gen.)
ἐπιλέγομαι think upon, think over;
    expect
ἐπιμέλεια, ἡ concern, care (1b)
ἐπιμελέομαι (ἐπιμελησ-,
    ἐπιμεληθ-) care for (+gen.)
ἐπιμελής ές careful
ἐπιμένω (ἐπιμειν-) stay on; remain;
    persist in
ἐπινοέω intend, devise, plan
ἐπιπέμπω send
ἐπιπλέω (ἐπιπλευσ-) sail over (aor.
    part. ἐπιπλώς)
ἐπισεύομαι (ἐπεσσυ-) sweep across
ἐπισκέπτομαι=ἐπισκοπέω
ἐπισκοπέομαι (ἐπισκεψ-) review
ἐπισκοπέω (ἐπισκεψ-) inspect,
    examine

ἐπίσταμαι (ἐπιστηθ-) know how to; understand

ἐπιστήμη, ἡ understanding, professional skill, knowledge (1a)

ἐπιστήμων ον knowing, wise (+gen.) acquainted with, skilled in

ἐπισχ- aor. stem of ἐπέχω

ἐπιτήδεια, τά necessities of life (2b)

ἐπιτήδειος, ὁ friend (2a)

ἐπιτήδειος α ον suitable, useful for, friendly

ἐπιτήδευμα (ἐπιτηδευματ-), τό pursuit; business; habit, practice (3b)

ἐπιτηδεύω practise, pursue; take care to

ἐπιτίθεμαι (ἐπιθε-) attack (+dat.)

ἐπιτρέπω transfer; entrust; allow

ἐπιχειρέω undertake, set to work; engage in, put one's hand to (+dat.)

ἐποίχομαι ply (a task)

ἕπομαι (σπ-) follow (+dat.)

ἐπόρνυμι (ἐπορσ-, ἐπορ-) raise up

ἔπος, τό word (3c) (uncontr. pl. ἔπεα)

ἐποτρύνω urge on, encourage

ἑπτά seven

ἐρ— see ἐρωτάω or ἐρέω

ἔραμαι (ἐρασθ-) love, desire passionately (+gen.)

ἐργάζομαι work, perform

ἐργάτης, ὁ worker, labourer (1d)

ἔργον, τό task, job; work of art; achievement (2b)

ἔρδω (ἐρξ-) act

ἐρείδω (ἐρεισ-) lean

ἐρείπω throw, tear down

ἤριπον fell down

ἐρέω fut. of λέγω

ἐρῆμος ον empty, deserted, devoid of

Ἑρμῆς, ὁ Herm; Hermes (1d)

ἔρομαι ask, inquire

ἔρυμα (ἐρυματ-), τό defence, wall; guard (3b)

(ἐ)ρύομαι (εἰρυ-, ἐρυ-, ῥυσ-) save, keep off, protect

ἐρύω (ἐ(ι)ρυ(σ)-, ῥυ-) draw, drag

ἔρχομαι (ἐλθ-) go, come (+fut. part.) be going to

ἔρως (ἐρωτ-), ὁ love, desire (3a)

ἐρωτάω (ἐρ-) ask (aor. ἠρόμην)

ἐς=εἰς

ἔσαν=ἦσαν

ἐσβαίνω (ἐσβα-)=εἰσβαίνω

ἐσθής (ἐσθητ-), ἡ clothing (3a)

ἐσθίω (ἐδ-, φαγ-) eat

ἐσθλός ή όν fine, noble, good

ἔσοδος, ἡ entry, pass; entrance (2a)

ἔσομαι fut. of εἰμί (be) (3rd s. ἔσται)

ἐσπέμπω=εἰσπέμπω

ἑσπέρα, ἡ evening (1b)

ἑσπόμην aor. of ἕπομαι

ἔσσι=εἶ you (s.) are

ἔσται 3rd s. fut. of εἰμί (be)

ἐστερημένος η ον perf. part. pass. of στερέω

ἑστηκώς υἷα ός (-οτ-) standing (perf. part. of ἵσταμαι) (or ἑστώς ὦσα)

ἔστι it is possible; there is

ἔσθ' ὅπου } there is a case in which
ἔστιν ὅπου

ἔσχατος η ον worst, furthest, last

ἔσχον aor. of ἔχω

ἔσω=εἴσω

ἑταίρα, ἡ prostitute, courtesan (1b)

ἑταῖρος, ὁ companion (2a)

ἕτερος α ον one (or the other) of two

ἔτης, ὁ kinsman (1d)

ἔτι still, yet; further, after this
  ἔτι καὶ νῦν even now
ἑτοῖμος η ον ready
ἔτος, τό year (3c)
ἐτραπόμην aor. of τρέπομαι
εὖ well
  εὖ ποιέω treat well, do good to
  εὖ πράττω fare well, be prosperous
εὐγενής ές noble, well-born,
  generous
εὐδαιμονέω prosper, thrive; be happy
εὐδαιμονία, ἡ prosperity, happiness
  (1b)
εὐδαίμων ον (εὐδαιμον-) happy; rich;
  blessed by the gods
εὐδόκιμος ον famous, glorious
εὕδω sleep
εὐεργεσία, ἡ kindness, service (1b)
εὐθύς at once, straight away
  (+gen.) straight towards
εὐκλεής ές respectable, of good
  report
ἐϋκνήμις (ἐϋκνημιδ-) well-greaved
εὐμενής ές well-disposed, kindly,
  favourable
εὐνή, ἡ covert; bed (1a)
εὔνοια, ἡ good will (1b)
εὔνους ουν well-disposed
ἐϋπεπλος ον fair-robed
ἐϋπλόκαμος ον with pretty hair
εὐπορία, ἡ abundance, means (1b)
εὐπρεπής ές seemly, proper,
  becoming
εὑρ- stem of εὑρίσκω
εὕρηκα perf. of εὑρίσκω
εὑρίσκω (εὑρ-) find; get; invent
εὐρύς εἶα ύ broad, wide
Εὐρώπη, ἡ Europe (1a)
εὐσεβέω act righteously
εὐτυχής ές fortunate, lucky

εὐφραίνω cheer, gladden; (pass.)
  enjoy oneself, make merry
εὐφυής ές graceful, witty, clever
εὐχετάομαι = εὔχομαι
εὐχή, ἡ prayer (1a)
εὔχομαι pray
ἐφ' = ἐπί
  ἐφ' ᾧτε on condition that (+inf.)
ἐφάνην aor. of φαίνομαι
ἐφέλκομαι bring on, bring in its train;
  attract
ἐφευρίσκω (ἐφευρ-) find out
ἔφην impf. of φημί
ἐφίεμαι desire; command
ἐφίημι (ἐφε(ι)-) incite; allow; let go
ἐφίσταμαι (ἐπιστα-) stand over,
  befall (+dat.)
ἐφοπλίζω equip, get ready
ἐφοράω (ἐπιδ-) oversee, observe,
  watch
ἐφορμάομαι rush out; spring; be eager
ἔφυν be naturally, was naturally (see
  φύω)
ἐχθαίρω hate, detest
ἔχθιστος η ον most hated, detested
ἔχθρα, ἡ enmity, hostility (1b)
ἐχθρός, ὁ enemy (2a)
ἐχθρός ά όν hostile
ἔχομαι restrain oneself
ἔχω (σχ-) have; possess; hold;
  protect; be in x (adv.) condition;
  be able
  ἐν νῷ ἔχω have in mind
  οὐκ ἔχω I do not know
ἐών = ὤν being
ἑώρα 3rd s. impf. of ὁράω
ἑώρακα perf. of ὁράω
ἕως (+ἄν+subj.) until
  (+opt.) until
  (+ind.) while, until

ἕως, ἡ dawn
ἑωυτόν = ἑαυτόν

Z

ζάω live, pass one's life
ζεύγνυμι (ζευξ-, ζυγ-) yoke, bind,
join; (pass.) be joined in marriage
Ζεύς (Δι-), ὁ Zeus (3a)
ζηλόω admire, envy; esteem happy;
vie with
ζηλωτός όν enviable, blessed
ζημία, ἡ fine, penalty, loss (1b)
ζημιόω fine, punish
ζητέω look for, seek
ζήτησις, ἡ search, inquiry,
investigation (3e)
ζόη, ἡ life, existence; property (1a)
ζωγραφος, ὁ painter (2a)
ζῷον, τό animal, creature (2b)
ζωός ἡ όν alive
ζώω = ζάω live, pass one's life

H

ἤ or; than
ἦ 1st s. impf. of εἰμί (be); indeed; (s.)
he spoke
ἠ- augment (if not under ἠ- try ἀ- or ἐ-)
ἦ where
ἦ δ' ὅς he said
ᾖα impf. of ἔρχομαι/εἶμι
ἡγεμών (ἡγεμον-), ὁ leader (3a)
ἡγέομαι lead (+dat.); think
ἠδέ and
ᾔδει 3rd s. past of οἶδα
ᾔδεσαν 3rd pl. past of οἶδα
ἡδέως with pleasure, sweetly
ἤδη by now, already, from now on
ᾔδη 1st s. past of οἶδα
ἥδομαι enjoy, be pleased with
(+dat.)

ἡδονή, ἡ pleasure (1a)
ἡδύς εῖα ύ sweet, pleasant, enjoyable
(sup. ἥδιστος)
ἠέ = ἤ or
ἦεν = ἦν
Ἠετίων (Ἠετιων-), ὁ Eetion (king of
Thebai, father of Andromakhe)
(3a)
ἦθος, τό custom, usage, character; (in
pl.) manners, customs (3c)
ἥκιστα least of all, no, not
ἥκω come
ἦλθον aor. of ἔρχομαι/εἶμι
ἡλικία, ἡ age, youth (1b)
ἥλιος, ὁ sun (2a)
ἤλυθε = ἦλθε
ἧμαι be seated (aor. ἥμην)
ἦμαρ (ἡματ-), τό day (3b)
ἡμεῖς we
ἦμεν 1st pl. impf. of εἰμί be
ἡμέρα, ἡ day (1b)
ἡμέτερος a ον our
ἡμίονος, ὁ mule (2a)
ἤν = ἐάν
ἦν 3rd s. impf. of εἰμί be
ἦν δ' ἐγώ I said
ἤνεγκον aor. of φέρω
ἡνίκα when
ἤπειρος, ἡ mainland; continent (2a)
ἠπιστάμην impf. of ἐπίσταμαι
Ἡρακλῆς, ὁ Herakles (3d)
ἠρόμην aor. of ἐρωτάω
ἥρως, ὁ hero
ἦσαν 3rd pl. impf. of εἰμί be
ἦσθα 2nd s. impf. of εἰμί be
ἤσθην aor. of ἥδομαι
ἠσθόμην aor. of αἰσθάνομαι
ἡσυχάζω be quiet, keep quiet
ἡσυχία, ἡ peace, quiet (1b)
ἥσυχος η ον quiet, peaceful

ἦτε 2nd pl. impf. or 2nd pl. subj. of
  εἰμί be
ἦτορ, τό heart
ἡττάομαι give way to (+gen.), be
  defeated
ἥττων ἧττον (ἥττον-) lesser, weaker
ἠΰκομος ον lovely-haired
ηὗρον aor. of εὑρίσκω
ἠώς, ἡ (=ἕως, ἡ) dawn (acc. ἠῶ; gen.
  ἠοῦς; dat. ἠοῖ)

Θ

θάλαμος, ὁ bedchamber (2a)
θάλαττα, ἡ sea (1c)
θαν– aor. stem of θνῄσκω
θάνατος, ὁ death (2a)
θάπτω bury, honour with funeral
  rites
θαρρέω = θαρσέω
θαρσέω cheer up, be confident, be
  bold
θάρσος, τό courage, confidence (3c)
θάτερος α ον = ἕτερος
θάττων θᾶττον (θαττον-) more
  quickly (comp. of ταχύς)
θαῦμα (θαυματ-), τό wonder,
  astonishment (3b)
θαυμάζω wonder at; be surprised;
  admire
θαυμάσιος α ον wonderful, strange;
  extraordinary
θαφθ– aor. pass. stem of θάπτω
θε– aor. stem of τίθημι
θέα, ἡ sight (1b)
θεά, ἡ goddess (1b)
θεάομαι (θεασ-) watch, gaze at
θεατής, ὁ spectator, (pl.) audience
  (1d)
θεῖος α ον divine, of the gods
θεῖτο 3rd s. aor. opt. of τίθεμαι

θέλω wish, be willing (=ἐθέλω)
θέμενος η ον aor. part. of τίθεμαι
θέμις, ἡ that which is laid down or
  established; justice; right; it is
  right, permitted
θεοειδής ές god-like
θεός, ὁ/ἡ god(dess) (2a)
θεράπαινα, ἡ maidservant (1c)
θεραπεύω look after, tend; look after
  the interests of, protect
θεράπων (θεραποντ-), ὁ servant (3a)
θερμός ή όν hot
θέρος, τό summer (3c)
θές place! put! (aor. imper. of τίθημι)
θέσθαι aor. inf. of τίθεμαι
θέω run
Θῆβαι, αἱ Thebes (1a)
Θηβαῖος α ον of Thebes, Theban
θηέομαι admire
θῆκε(ν) 3rd s. aor. of τίθημι
θῆλυς εια υ female; soft, gentle
θηρίον, τό beast (2b)
θησ– fut. stem of τίθημι
θιγγάνω touch, handle (+gen.);
  affect
θνῄσκω (θαν-) die
θνητός ή όν mortal
θορυβέω make a disturbance, din
θόρυβος, ὁ noise, din, clamour (2a)
θράσος, τό courage (3c)
θρασύς εῖα ύ bold, brave
θρεψ– aor. stem of τρέφω
θυγάτηρ (θυγατ(ε)ρ-), ἡ daughter (3a)
θυμός, ὁ heart, anger (2a)
θυμόω make angry; provoke; (pass.)
  become angry with (+dat.)
θύρα, ἡ door (1b)
θυσία, ἡ sacrifice (1b)
θύω sacrifice
θῶμαι aor. subj. of τίθεμαι

I

’Ιάσων ('Ιασον-), ὁ Jason (3a)
ἰατρικός ή όν medical, of healing
ἰατρός, ὁ doctor (2a)
ἰδ– aor. stem of ὁράω
ἰδέ and
ἰδίᾳ privately
ἴδιος α ον private, individual,
    personal
ἰδιωτεύω act as a private citizen, in a
    private capacity
ἰδιώτης, ὁ layman, private citizen
    (1d)
ἴδον 1st s. aor. of ὁράω
ἰδού look! here! hey!
ἰέναι inf. of ἔρχομαι/εἶμι
ἱερά, τά rites, sacrifices (2b)
ἱερεύω sacrifice
ἱερόν, τό sanctuary (2b)
ἵζομαι sit, settle down; lie in ambush
ἴθι imper. s. of ἔρχομαι/εἶμι
ἰθύς at once
ἱκανός ή όν sufficient; able to (+inf.)
ἱκάνω come, come to/upon (+acc.)
ἱκετεύω beg, supplicate
ἱκέτης, ὁ suppliant (1d)
ἱκνέομαι (ἱκ-) come to, arrive at
ἱκόμην aor. of ἱκνέομαι
ἵκω come
"Ιλιον, τό⎫
"Ιλιος, ἡ ⎭ Ilium, Troy (2b) (2a)
ἱμάτιον, τό cloak (2b)
ἵμερος, ὁ longing, yearning, desire
    (2a)
ἵνα (+subj. or opt.) in order that, to
    (+ind.) where
ἰοὺ ἰού alas! oh! (cry of sorrow, joy or
    surprise)
ἱππεύς, ὁ horseman, cavalry; rider
    (3g)

ἱππόδαμος ον horse-taming
'Ιπποκράτης, ὁ Hippokrates (3d)
ἵππος, ὁ horse (2a)
ἱρός = ἱερός
ἴσαν = ᾖσαν they went
ἴσασι 3rd pl. of οἶδα
'Ισθμός, ὁ Isthmus (2a)
ἴσμεν 1st pl. of οἶδα
ἴσος η ον resembling, equal to
    (+dat.); fair, just
ἵσταμαι (στα-) stand, be placed
ἴστε 2nd pl. of οἶδα
ἵστημι (στησ-) set up, raise
ἱστορέω ask, record; inquire;
    examine
ἱστός, ὁ loom (2a)
ἰσχυρός ά όν powerful, strong
ἰσχύς, ἡ strength, power (3g)
ἴσως perhaps
ἰώ oh! alas! hail! (invoking aid or
    sharing grief)
ἴω subj. ἔρχομαι/εἶμι
ἰών ἰοῦσα ἰόν (ἰοντ-) part. of
    ἔρχομαι/εἶμι

K

κάδ = κατά
καθ' ἡμέραν daily, by day
καθαιρέω (καθελ-) take down,
    destroy
καθαίρω (καθηρ-) cleanse, purify
καθέζομαι take a seat; remain seated
καθέστηκα I have been put (perf. of
    καθίσταμαι)
καθεστώς ὦσα ός (-οτ-) having been
    made, established (perf. part. of
    καθίσταμαι)
καθεύδω sleep
κάθημαι be seated
καθίζομαι sit down

καθίζω sit down
καθίσταμαι (καταστα-) be placed,
   put, made
καθίστημι (καταστησ-) set up, make,
   place; put x (acc.) in (εἰs) y
καθοράω (κατιδ-) see, look down on
καθυβρίζω insult, humiliate, mock
   (+dat.)
καί and, also; even; actually
   τε . . . καί both . . . and
καὶ γάρ in fact; yes, certainly
καὶ δή and really; as a matter of fact;
   look!; let us suppose
καὶ δὴ καί moreover
καὶ μήν what's more; look!; yes, and;
   and anyway
καινόs ή όν fresh, new, novel
καίπερ although (+part.)
καιρόs, ὁ right time; time; crisis (2a)
καίτοι and yet
καίω (καυσ-) burn, kindle, set fire to
κακίων comp. of κακόs
κακοδαίμων ον
   (κακοδαιμον-) unlucky, dogged
   by an evil *daimon*
κακοπαθέω suffer
κακόs ή όν bad, evil; cowardly; mean,
   lowly
   κακὰ (κακῶs) ποιέω treat badly;
   do harm to
καλεσ– aor. stem of καλέω
καλέω (καλεσ-) call, summon
Καλλικλῆs, ὁ Kallikles (3d)
κάλλιστοs η ον most (very) fine,
   good, beautiful
καλλίων ον comp. of καλόs
καλόs ή όν beautiful, good, fine;
   creditable; honourable
κάμνω (καμ-, κεκμηκ-) work, toil; be
   weary

κάρα (κρατ-), τό head (3b)
καρδία, ἡ heart; desire; inclination
   (1b)
κάρη (καρη(α)τ-), τό head (3b)
καρπάλιμοs η ον swift
κάρτα very, extremely; surely,
   indeed
κασίγνητοs, ὁ brother (2a)
κατά (+acc.) in, on, by, according
   to; down, throughout; in
   relation to
   (+gen.) below, down from;
   against
καταβαίνω (καταβα-) go down,
   come down
καταγελάω (καταγελασ-) deride,
   mock
καταγιγνώσκω (καταγνο-) condemn
   x (acc.) to y (gen.)
καταδικάζω condemn; convict x
   (gen.) of y (acc.)
καταδίκη, ἡ fine (1a)
καταδιώκω follow hard upon, pursue
   closely
καταδουλόω enslave
καταδύω put on, get into
καταθε– aor. stem of κατατίθημι
καταθνήσκω (καταθαν-) die away
καταθορυβέω shout down
καταισθάνομαι (καταισθ-) perceive
κατακαίω (κατακαυσ-) cremate (aor.
   κατέκηα)
κατακαλύπτω cover over
κατάκειμαι lie down
κατακλίνομαι (κατακλινηθ-) lie
   down
κατακτα– aor. stem of κατακτείνω
κατακτείνω (κατακταν-) slay,
   kill
καταλαβ– aor. stem of καταλαμβάνω

καταλαμβάνω (καταλαβ-) overtake, come across; seize
καταλέγω (κατειπ-) recite, list
καταλείπω (καταλιπ-) leave behind, bequeath
καταλήψομαι fut. of καταλαμβάνω
κατάλυσις, ἡ overthrow, destruction (3e)
καταλύω bring to an end, destroy; finish
καταμαρτυρέω give evidence against (+gen.)
Κατάνη, ἡ Katane (1a)
κατανοέω realise, understand
καταστάς ἆσα άν (κατασταντ-) being placed, put (aor. part. of καθίσταμαι)
καταστῆναι to be put (aor. inf. of καθίσταμαι)
καταστήσομαι fut. of καθίσταμαι
καταστρέφομαι subdue, subject to oneself
κατάστρωμα (καταστρωματ-), τό deck (3b)
κατασφάζω (κατασφαξ-, κατασφαγ-) murder
κατατίθημι (καταθε-) put down, pay; perform
καταφέρω (κατενεγκ-) carry down
καταφθείρω (καταφθειρ-) destroy utterly
καταφθίω destroy
καταφρονέω despise, look down on (+gen.)
καταψηφίζομαι condemn (+gen.)
κατεγγυάω demand securities from (+acc.)
κατέλαβον aor. of καταλαμβάνω
κατέλιπον aor. of καταλείπω
κατεργάζομαι acquire, achieve;

conquer; cultivate
κατέστην I was put (aor. of καθίσταμαι)
κατέστησα I put (aor. of καθίστημι)
κατέχω (κατασχ-) hold up, check; possess;.stop; put into land
κατηγορέω prosecute x (gen.) on charge of y (acc.), accuse
κατηγορία, ἡ speech for the prosecution (1b)
κατήγορος, ὁ prosecutor (2a)
κατθανών aor. part. of καταθνῄσκω
κατιδ– aor. stem of καθοράω
κάτοιδα know (+inf., know how to), recognise
κατοικέω colonise, inhabit, settle
κάτω below, down
κάω = καίω
κε(ν) = ἄν (enclitic)
κεδνός ή όν careful, diligent; trusty
κεῖθεν from there
κεῖμαι lie; be placed; be made
κεῖνος η ο = ἐκεῖνος
κέκτημαι perf. of κτάομαι
κέλευσαν 3rd pl. aor. of κελεύω (no augment)
κελευστής, ὁ boatswain (1d)
κελεύω order, urge, tell . . . to
κέλομαι (κεκλ-) give orders
κεν = κε (enclitic)
κέρας, τό wing of army; horn (3b)
κερδίων ον (κερδιον-) better
κέρδος, τό gain; profit; desire of gain (3c)
Κέρκυρα, ἡ Kerkyra (Corcyra, Corfu) (1b)
κεφαλή, ἡ head (1a)
κήδομαι be concerned for, anxious
κῆδος, τό agony, sorrow, grief;

connection by marriage; funeral rites (3c)

κήρ (κηρ-), ἡ fate (3a)

κῆρ (κηρ-), τό heart

κῆρυξ (κηρυκ-), ὁ herald (3a)

κηρύττω announce, proclaim, command by proclamation

κι(γ)χάνω (κιχ-, κιχησ-) meet, find

Κιθαιρών (Κιθαιρων-), ὁ Kithairon (*site of Oedipus' exposure*) (3a)

κινδυνεύω be in danger, run a risk; be likely to

κίνδυνος, ὁ danger (2a)

κινέω move; set in motion; disturb, arouse

κίω go, come

κλαίω (κλαυσ-) weep

κλαυσ– aor. stem of κλαίω

κλείω close, shut

κλέος, τό honour, glory (3c)

κλέπτης, ὁ thief (1d)

κλέπτω steal

Κλέων (Κλεων-), ὁ Kleon (3a)

κλῄζω call; mention; celebrate

κληθείς εἶσα ἐν (κληθεντ-) aor. pass. part. of καλέω

κλίνω lean (perf. part. κεκλιμένος)

κλοπή, ἡ theft (1a)

κλυτός ή όν glorious

κλύω hear

κοῖλος η ον hollow

κοιμάομαι sleep

κοινός ή όν common, shared, public; ordinary

κοινόω communicate x (acc.) to y (dat.)

(mid.) share, undertake together; take counsel with

κοῖος = ποῖος

κοίρανος, ὁ ruler, lord, master (2a)

κολάζω punish

κολακεία, ἡ flattery (1b)

κόλπος, ὁ breast, bosom (2a)

κολωνός, ὁ hill (2a)

κομίζομαι collect; travel, journey

κομίζω take up; lead, bring; carry off, escort; supply

κονίη, ἡ dust (1a)

κόπτω knock on; cut

κόραξ (κορακ-), ὁ crow (3a)

βάλλ᾽ εἰς κόρακας go to hell!

κορέννυμι (κορεσ-) satisfy, fill

κόρη, ἡ maiden, girl (1a)

Κορίνθιοι, οἱ Corinthians (2a)

Κορίνθιος α ον from Corinth

Κόρινθος, ἡ Corinth (2a)

κορυθαίολος ον flashing-helmeted, shining-helmeted

κόρυς (κορυθ-), ἡ helmet (3a)

κόσμος, ὁ decoration, ornament; order; universe (2a)

κοτε = ποτε

κότερος = πότερος

κου = που

κούρη = κόρη

κοῦφος η ον light, easy

κραδίη, ἡ heart (1a)

κρατ– *may* = *stem of* κάρα, head

κρατερός ά όν strong

κρατέω hold sway, power over; control; defeat (+gen.)

κρατήρ (κρατηρ-), ὁ wine-bowl (3a)

κράτιστος η ον best, strongest (sup. of ἀγαθός, κρείττων)

κράτος, τό strength, power; sovereignty; authority (3c)

κρείττων ον (κρειττον-) stronger, greater

κρέσσων = κρείττων

Κρέων (Κρεοντ-), ὁ Kreon (uncle of
   Oedipus) (3a)
κρίνω (κριν-) judge, decide
κρίσις, ἡ judgment; decision; dispute;
   trial (3e)
Κρίτων (Κριτων-), ὁ Kriton (Crito)
   (3a)
Κρονίων (Κρονιων-), ὁ son of Kronos
   (i.e. Zeus) (3a)
κρουνός, ὁ well-head (2a)
κρύπτω keep secret, hide; bury;
   cover
κτάμενος η ον killed
κταν- aor. stem of κτείνω, kill
κτάομαι acquire, get; (perf.) own,
   possess
κτείνω (κτειν-, κταν-) kill
κτῆμα (κτημ008-), τό possession (3b)
κυβερνήτης, ὁ captain, helmsman
   (1d)
κῦδος, τό glory, honour (3c)
κῦμα (κυματ-), τό wave (3b)
κυμβίον, τό cup (2b)
κυρέω meet with, find, hit (+gen. or
   dat.); happen, turn out
κύριος α ον able, with power; in
   control; empowered; sovereign
κύων (κυν-), ὁ dog (3a)
κωκυτός, ὁ wailing (2a)
κωκύω shriek, lament
κωλύω prevent, stop x (acc.) from
   -ing (inf.)
κως = πως
κῶς = πῶς

Λ

λαβ- aor. stem of λαμβάνω
λαγχάνω (λαχ-) obtain by lot; run for
   office; win as a portion
  δίκην λαγχάνω bring a suit against

λαθ- aor. stem of λανθάνω
λάθρᾳ secretly
Λαίειος of Laios
Λαῖος, ὁ Laios (father of Oedipus) (2a)
λαιψηρός ά όν swift
Λακεδαιμόνιος, ὁ Spartan (2a)
λαμβάνομαι (λαβ-) take hold of
   (+gen.)
λαμβάνω (λαβ-) take, capture; be
   given
  δίκην λαμβάνω punish, exact one's
   due from (παρά +gen.)
λαμπάς (λαμπαδ-), ἡ torch (3a)
λαμπρός ά όν bright, brilliant,
   famous, clear
λάμπω shine
λανθάνω (λαθ-) escape notice of x
   (acc.) in -ing (part.)
λαός, ὁ people, inhabitant (2a)
λαχ- aor. stem of λαγχάνω
λέαινα, ἡ lioness (1c)
λέγω (εἰπ-) speak, say, tell, mean
λείπομαι (λιπ-) fall short of, be
   inferior to (+gen.); be left
   behind; be left without
λείπω (λιπ-) leave, abandon
λέκτρον, τό bed, couch, (pl.)
   marriage bed (2b)
λέληθα perf. of λανθάνω
λεπτός ή όν subtle, fine; delicate, thin
λευκός ή όν white, fair; light, clear
λευκώλενος ον white-armed
λέχος, τό bed; marriage (also pl.);
   funeral bier (3c)
λέων (λεοντ-), ὁ lion (3a)
Λεωνίδης, ὁ Leonidas (King of Sparta,
   c-in-c of Greek forces at
   Thermopylai) (1d)
λῃστής, ὁ robber (1d)
ληφθ- aor. pass. stem of λαμβάνω

λήψομαι fut. of λαμβάνω
λίαν very, exceedingly; too much
λίθος, ὁ stone (2a)
λιθοτομία, ἡ stone-quarry (1b)
λιμήν (λιμεν-), ὁ harbour (3a)
λιμός, ὁ/ἡ hunger, famine (2a)
λίσσομαι beseech
λογίζομαι calculate, reckon, consider
λογισμός, ὁ calculation (2a)
λόγος, ὁ speech; tale; word; account;
   argument; reason; idea, design
   (2a)
λοετρόν, τό bath (2b)
λοιπός ή όν left, remaining
Λοξίας, ὁ Apollo (god of prophecy)
   (1d)
λούω wash
λυπέω cause distress to, annoy, grieve
λύω release
λωβάω hurt, harm, injure
λῷστος η ον best, most agreeable,
   most desirable
λῴων ον (or λῷος α ον) (adv.
   λῷον) better, more agreeable,
   desirable

M

μά by! (+acc.)
μάγος, ὁ Magian, priest (2a)
μαθ– aor. stem of μανθάνω
μάθημα (μαθηματ-), τό subject, topic
   (3b)
μάθησις, ἡ learning, instruction (3e)
μαθήσομαι fut. of μανθάνω
μαθητής, ὁ student (1d)
μαίνομαι (μαν-) rage, be furious, be
   mad
μακάριος α ον blessed, happy
μακρός ά όν large, big, long
μάλα very; quite; virtually

μαλθακός ή όν soft, mild, gentle
μάλιστα (μάλα) especially,
   particularly; yes
μᾶλλον (μάλα) more; rather
μανθάνω (μαθ-) learn, understand
μαντεία, ἡ prophetic power (1b)
μαντεῖον, τό oracle (2b)
μάντευμα (μαντευματ-), τό oracle,
   prophecy (3b)
μαντική, ἡ divination, prophecy (1a)
Μαντινεῖς, οἱ Mantineans (3g)
μάντις, ὁ/ἡ diviner, seer, prophet (3e)
μάρναμαι fight, do battle
μαρτυρέω give evidence, bear witness
μαρτυρία, ἡ evidence, testimony (1b)
μαρτύρομαι involve, call to witness
μάρτυς (μαρτυρ-), ὁ witness (3a)
μαστίξ (μαστιγ-), ἡ whip (3a)
μάτην falsely; in vain; without reason
μάχη, ἡ fight, battle (1a)
μάχομαι (μαχεσ-) fight (+dat.)
μέγαρον, τό hall; (pl.) palace, house
   (2b)
μέγας μεγάλη μέγα (μεγαλ-) great,
   big; tall; important
μέγεθος, τό size (3c)
μέγιστος η ον greatest (sup. of μέγας)
μέθες 2nd s. aor. imper. of μεθίημι
μεθίημι (μεθε(ι)-) allow, let go,
   release; surrender; (mid.) relax,
   permit
μεθίσταμαι (μεταστα-) change (one's
   mind); alter; change position;
   cease from; depart from (+gen.)
μείγνυμι (μειξ-) = μίγνυμι
μείζων ον (μειζον-) greater (comp. of
   μέγας)
μέλας αινα αν (μελαν-) black
μέλει x (dat.) is concerned about
   (+gen.)

μελετάω practise
Μέλητος, ὁ Meletos (2a)
μελίη, ἡ ash spear (1a)
μέλλω be about to (+fut. inf.);
    hesitate, intend
μέλος, τό music, tune (3c)
μεμαώς υἷα ός eager
μέμνημαι (perf.) remember (+gen.)
μέμονα (μεμα-) be eager, purpose
μέμφομαι blame, criticise, find fault
    with (+dat.)
μέν...δέ... on the one hand...on
    the other...
μένος, τό strength (3c)
μέντοι however, but
μένω (μειν-) remain, stay, wait (for)
Μερόπη, ἡ Merope (Oedipus' adoptive
    mother) (1a)
μέρος, τό share, part (3c)
μέσ(σ)ος η ον middle (of), in the
    middle
μετά (+acc.) after
    (+gen.) with
    (+dat.) among, in company with
μεταβολή, ἡ change (1a)
μεταγιγνώσκω (μεταγνο-) change
    one's mind; repent (of)
μεταπέμπομαι summon, send for
μετασεύομαι (μετεσσυ-) go with, go
    after
μεταυδάω speak to
μετάφρενον, τό back (2b)
μέτειμι remain among (+dat.)
μετελθ- aor. stem of μετέρχομαι
μετέρχομαι (μετελθ-) send for, chase
    after; go among (+dat.); attack
μέτεστι x (dat.) has a share in y
    (gen.)
μετέχω (μετασχ-) share in (+gen.)
μετίημι=μεθίημι

μέτριος α ον moderate, reasonable,
    fair, average
μέχρι (+gen.) until, up to, as far as
μέχρι οὗ until
μή no(t)
    (+imper. or aor. subj.) don't
    (+subj.) lest
    can=ἵνα μή
    in a question, often=ἆρα μή 'can it
    be that...?'
μηδαμῶς not at all, in no way
μηδέ...μηδέ... neither...nor...
Μήδεια, ἡ Medeia (Medea) (1b)
μηδείς μηδεμία μηδέν (μηδεν-) no, no
    one
μηδίζω side with the Persians
Μηδικός ή όν Median
Μῆδος, ὁ Persian; Mede (2a)
μηκέτι no longer
μήνυμα, τό an accusation (by an
    informer) (3b)
μηνύω give information
μήποτε never
μήπω not yet
μήτε...μήτε... neither...nor...
μήτηρ (μητ(ε)ρ-), ἡ mother (3a)
μητρῷος α ον of a mother
μηχανάομαι devise, contrive
μηχανή, ἡ device, plan (1a)
μιαιφόνος ον bloodthirsty,
    murderous
μιαρός ά όν foul, polluted
μίγνυμι (μ(ε)ιξ-, μ(ε)ιχθ-) mix; have
    intercourse with; mingle with
    (+dat.)
μικρός ά όν small, short, little
μιμνήσκομαι (μνησθ-) remember;
    mention
μίμνω=μένω
μιν him, her (acc.) (enclitic)

μισέω hate
μισθός, ὁ pay (2a)
μῖσος, τό hatred (3c)
μνᾶ, ἡ mina (100 drachmas) (1b)
μνεία, ἡ mention (1b)
μνημονεύω remember
μνησθ– aor. stem of μιμνήσκομαι
μοῖρα, ἡ fate, lot; destiny; death (1b)
μολών οὖσα όν coming, going (aor.
    part. of βλώσκω)
μόνον only, merely
    οὐ μόνον . . . ἀλλὰ καί . . . not only
    . . . but also . . .
μόνος η ον alone, only
μόρος, ὁ death, destiny (2a)
μοῦνος = μόνος
μοχθηρός ά όν wretched, inferior,
    rascally
μυθέομαι tell
μῦθος, ὁ word, story (2a)
μύριοι αι α 10,000
μυρίοι αι α numberless, countless,
    infinite
μυστικά, τά the mysteries (rites of
    Demeter held at Eleusis) (2b)
μῶν; surely not?
μῶρος α ον stupid, foolish

N

ναί yes
ναίω dwell, abide
ναυμαχία, ἡ naval battle (1b)
ναῦς, ἡ ship (3)
ναύτης, ὁ sailor (1d)
ναυτικόν, τό fleet (2b)
ναυτικός ή όν naval
νεανίας, ὁ young man (1d)
νεανίσκος, ὁ young man (2a)
νεηνίης = νεανίας
νειμ– aor. stem of νέμω

νεκρός, ὁ corpse (2a)
νέκυς, ὁ corpse (3h)
νέμω (νειμ-) distribute, allot, assign
νέος α ον young; new; strange,
    unexpected
νή by! (+acc.)
νηός, ὁ temple (2a) (or gen. s. ναῦς)
νήπιος α ον foolish, childish,
    innocent, childlike
νῆσος, ἡ island (2a)
'νθρωπε = ἄνθρωπε
νικάω win, defeat
νίκη, ἡ victory, conquest (1a)
Νικίας, ὁ Nikias (1d)
νιν (acc.) him, her, it (enclitic)
νοέω plan, think; devise; intend;
    notice
νομή, ἡ distribution (1a)
νομίζομαι be accustomed
νομίζω acknowledge, think, believe;
    treat as customary; observe;
    practise, adopt
νόμος, ὁ law, convention, observance
    (2a)
νοσέω be sick
νόσημα (νοσηματ-), τό plague, illness,
    disease (3b)
νόσος, ἡ illness, plague, disease (2a)
νοστέω return
νουθετέω warn, rebuke; chastise
νοῦς (νόος), ὁ mind, sense (2a)
    ἐν νῷ ἔχω have in mind, intend
νοῦσος = νόσος
νυ = νυν
νύμφη, ἡ nymph; bride; young girl
    (1a)
νυν well then; now then (enclitic)
νῦν now
νύξ (νυκτ-), ἡ night (3a)
νῶϊ us two (acc.)

νωμάω move, ply

Ξ

ξ- *try looking under* σ-
ξεῖνος = ξένος
ξένη, ἡ foreign, alien woman (1a)
ξένος, ὁ foreigner, alien; guest; host (2a)
Ξέρξης, ὁ Xerxes (1d)
ξεστός ή όν smooth, polished
ξίφος, τό sword (3c)
ξυγκαταβαίνω
  (ξυγκαταβα-) = συγκαταβαίνω
ξυλλαμβάνω (ξυλλαβ-) = συλλαμβάνω
ξύλον, τό wood (3b)
ξυμ- = συμ-, συν-
ξυμβαίνει = συμβαίνει
ξυμμένω = συμμένω
ξύμπας = σύμπας
ξύν = συν
ξυνεπεύχομαι = συνεπεύχομαι
ξυνωμοσία = συνωμοσία
ξυστρατεύω = συστρατεύω

O

ὁ αὐτός the same
ὁ δέ and/but he
ὁ ἡ τό the; *in Ionic* = he, she, it
  ὁ μέν ... ὁ δέ ... one ... another ...
ὅ τι; what?
ὅδε ἥδε τόδε this
ὁδί this here (*pointing*)
ὁδοιπόρος, ὁ traveller (2a)
ὁδός, ἡ road, way, journey (2a)
ὀδύρομαι lament
ὅθεν from where
οἱ (*enclitic*) = αὐτῷ to him, to her (dat.)
οἷ (to) where
οἴγω open

οἶδα know
  χάριν οἶδα be grateful to (+dat.)
Οἰδίπους (Οἰδιποδ-), ὁ Oedipus (3a)
οἴκαδε homewards
οἶκε = ἔοικε resemble, be like (+dat.)
οἰκεῖος, ὁ relative (2a)
οἰκεῖος α ον related, domestic; from the house; private; fitting; one's own
οἰκέτης, ὁ house-slave (1d)
οἰκεύς, ὁ servant, member of household (3g)
οἰκέω dwell (in), live, inhabit
οἴκημα (οἰκηματ-), τό dwelling (3b)
οἴκησις, ἡ dwelling (3c)
οἰκία, ἡ house (1b)
οἰκία, τά palace (2b)
οἰκίδιον, τό small house (2b)
οἰκοδόμημα (οἰκοδομηματ-), τό building, structure (3b)
οἴκοθεν at home, from home
οἴκοι at home
οἴκόνδε home, homewards
οἰκός = εἰκός reasonable
οἶκος, ὁ household (2a)
οἰκότως = εἰκότως
οἰκτίρω (οἰκτιρ-) pity
οἶμαι think
οἰμάω swoop
οἴμοι alas! oh dear!
οἰμωγή, ἡ lamentation (1a)
οἰμώζω groan, lament
οἶνος, ὁ wine (2a)
οἷον as
οἷος α ον alone
οἷος α ον what a!, of the kind which
οἷός τ᾿ εἰμί be able to (+inf.)
ὄϊς, ὁ/ἡ sheep
οἰσ- fut. stem of φέρω
οἴχομαι be off, depart

ὄίω think
οἰωνός, ὁ bird of omen (2a)
ὀκνέω hesitate, shrink from; scruple
ὁκόθεν = ὁπόθεν
ὁκόσος = ὁπόσος
ὁκότερος = ὁπότερος
ὅκου = ὅπου
ὀκτώ eight
ὅκως = ὅπως
ὀλ– aor. stem of ὄλλυμαι
ὀλέθριος ον destructive, deadly
ὄλεθρον, τό destruction (2b)
εἰς ὄλεθρον to hell!
ὀλεσ– aor. stem of ὄλλυμι
ὀλιγαρχία, ἡ oligarchy (1b)
ὀλίγος η ον small, few
ὀλίγωρος ον contemptuous
ὄλλυμαι (ὀλ-) be killed, destroyed;
    perish
ὄλλυμι (ὀλεσ-) destroy, kill, lose
ὀλο(ι)ός ή όν deadly
ὅλος η ον whole of
ὀλοφυρμός, ὁ lamentation (2a)
ὀλοφύρομαι lament
'Ολύμπιος, ὁ the Olympian (i.e.
    Zeus) (2a)
ὁμιλέω be in company with, associate
    with (+dat.); deal with
ὅμιλος, ὁ crowd, throng, tumult (2a)
ὄμμα (ὀμματ-), τό eye (3b)
ὄμνυμι (ὀμοσ-) swear
ὅμοιος α ον like, similar to (+dat.)
ὁμοίως in the same way, likewise
ὁμολογέω agree
ὁμόνοια, ἡ agreement, harmony (1b)
ὁμοῦ together (with) (+dat.)
ὅμως nevertheless, however
ὄνειαρ (ὀνειατ-), τό means of strength
    (3b)
ὀνείδειος ον reproachful

ὀνειδίζω reproach, chide, insult
    (+dat.)
ὄνειδος, τό insult, rebuke (3c)
ὄνειρος, ὁ dream (dat. ὀνείρασι) (2a)
ὀνίνημι (ὀνησ-) profit, benefit, help;
    (mid.) enjoy (+gen.)
ὄνομα (ὀνοματ-), τό name (3b)
ὀνομάζω address, call; (mid.) call,
    name
ὀξύς εῖα ύ sharp, bitter; shrill
ὄπῃ where; how, in what way
ὄπισθε behind
ὀπίσ(σ)ω in the future; back again;
    backwards
ὅπλα, τά weapons, arms (2b)
ὁπλίτης, ὁ hoplite (1d)
ὁπόθεν from where
ὁποῖος α ον of what kind
ὁπόσος η ον how many, how great
ὁπόταν (+subj.) whenever
ὁπότε when
    (+opt.) whenever
ὅπου where? where
ὅπως how? (answer to πῶς;); how
    (+fut.) see to it that
    (+subj. or opt.) in order that, to
ὁράω (ἰδ-) see
ὀργή, ἡ anger (1a)
ὀργίζομαι grow angry with (+dat.)
ὀρέγω stretch out (part. ὀρέγων or
    ὀρεγνύς)
ὄρειος α ον in the mountains
ὀρθός ή όν straight; correct; right;
    genuine; safe; real
ὀρθόω judge rightly; set upright;
    restore
ὅρκος, ὁ oath (2a)
ὁρμάομαι (ὁρμηθ-) charge, set off
ὁρμάω make a rush, set off, charge
    (at)

ὄρνυμι (ὀρσ-, ὀρ-) raise; lift; start
  ὠρόμην, ὄρωρα rose, began
ὅρος, ὁ boundary (2a)
ὅρος, τό mountain (3c)
ὅς ἥ ὅν one's own
ὅς ἥ ὅ who, what, which
ὅσιος α ον holy, sacred
ὅσος η ον how great! as much/many as
ὅσπερ ἥπερ ὅπερ who/which/what
  indeed (emphatic)
ὁσσάκι as often as
ὅστις ἥτις ὅτι who(ever),
  which(ever), what(ever)
ὁστισοῦν whoever, whatever at all
ὅσῳ μᾶλλον ... τόσῳ ... the more ...
  the more ...
ὅταν (+subj.) whenever
ὅτε when
ὅτι that; because
  (+sup.) as – as possible
ὅτου = οὗτινος
ὀτρύνω encourage
ὅττι = ὅτι
ὅτῳ = ᾧτινι
οὐ οὐκ οὐχ no(t)
  οὐ διὰ μακροῦ in a short time
  οὐ μόνον ... ἀλλὰ καί ... not only
    ... but also ...
οὗ where
οὐδαμά never, not at all
οὐδαμόθι nowhere, in no place
οὐδαμοί αί ά no one
οὐδαμοῦ nowhere
οὐδαμῶς in no way; not at all
οὐδέ and not
οὐδείς οὐδεμία οὐδέν (οὐδεν-) no, no
  one, nothing
οὐδέποτε never
οὐδέπω not yet
οὐδέτερος α ον neither of two, not

either
οὐκ = οὐ
οὐκ ἔστιν ὅπως (ὅκως) there is no way
  that
οὐκέτι no longer
οὐκοῦν therefore
οὔκουν not ... therefore
οὖν therefore
οὕνεκα = ἕνεκα
οὔνομα = ὄνομα
οὕπερ where
οὔποτε never
οὔπω not yet
οὐρανός, ὁ sky, heavens (2a)
οὐσία, ἡ property, wealth (1b)
οὔτε ... οὔτε ... neither ... nor ...
οὔτις (οὔτιν-) no one
οὔτοι indeed not
οὗτος αὕτη τοῦτο this; (s)he, it
  οὗτος can=hey, you!
οὑτοσί this here (pointing)
οὕτω(ς) thus, so, in this way
οὐχ = οὐ
ὀφείλω owe; be bound, ought
ὄφελον ὡς would that I (they) ...!
  (+inf.)
ὄφελος, τό help, use, advantage (3c)
ὀφθαλμός, ὁ eye (2a)
ὄφρα (+subj., opt.) in order that, to
  (+ind., subj., opt.) while, until
  (κε(ν) often appears in this
  construction)
ὀχθέω be angry
ὄχλος, ὁ crowd, mob (2a)
ὄψε late
ὄψις, ἡ vision, sight (3e)

Π

παγκάκιστος η ον utterly detestable,
  vile

παθ– aor. stem of πάσχω
πάθος, τό suffering, experience (3c)
παιδεία, ἡ education, teaching;
   culture; childhood (1b)
παιδεύω train, teach, educate
παιδίον, τό child, slave (2b)
παιδοποιέομαι have children
παίζω play, joke at (πρός+acc.)
παῖς(παιδ-), ὁ/ἡ child, slave; boy, girl
   (3a)
παίω hit, punch, strike
πάλαι long ago
παλαιός ά όν ancient, (of) old
παλαίτατος η ον sup. of παλαιός
πάλιν back again
πάλλω (πηλ-) brandish
πάμπολυς πολλη πολυ very many,
   very great
παντάπασι in every respect
πανταχόθεν from all directions
πανταχοῦ everywhere
παντελῶς completely, outright
πάντοθεν from every side
πάντως in all ways, especially
πάνυ very (much); at all
   πάνυ μὲν οὖν certainly, of course
πανύστατος η ον for the very last time
πάρ=παρά
πάρα=πάρεστι it is possible for
   (+dat.); (παρά becomes πάρα if it
   follows its noun)
παρά (+acc.) along, beside; against,
   to; compared with; except
   (+gen.) from
   (+dat.) with, beside, in the
   presence of
παραβοηθέω come to help (+dat.);
   assist
παραγγέλλω (παραγγειλ-) order,
   instruct

παραγίγνομαι (παραγεν-) be present;
   turn up at (+dat.)
παραδίδωμι (παραδο-) hand over
παραδωσ– fut. stem of παραδίδωμι
παραινέω advise (+dat.)
παραιτέομαι beg
παρακαλέω summon; invite;
   encourage
παράκειμαι lie, be placed beside
   (+dat.)
παρακελεύομαι exhort, encourage
   (+dat.)
παραλαβ– aor. stem of παραλαμβάνω
παραλαμβάνω (παραλαβ-) take,
   receive from; undertake
παρανομία, ἡ transgression of normal
   standards (1b)
παράνομος ον lawless, unlawful,
   illegal
παραπλέω sail by, sail close to
παραπλήσιος (α) ον very similar to
   (+dat. or καί)
παρασκευάζω prepare, equip
παρασκευή, ἡ preparation,
   equipping; force (1a)
παραστείχω pass by
παρασχ– aor. stem of παρέχω
παραχρῆμα on the spot, straight
   away
παρεγενόμην aor. of παραγίγνομαι
πάρειμι be at hand; be present; be
   near (+dat.)
παρέλαβον aor. of παραλαμβάνω
παρελθ– aor. stem of παρέρχομαι
παρέρχομαι (παρελθ-) pass, go by;
   come forward
πάρεστι it is possible for (+dat.)
παρέχω (παρασχ-) give to, provide;
   offer, furnish
   πράγματα παρέχω cause trouble

παρθένος, ἡ maiden (2a)
παρίημι (παρε(ι)-) let pass; relax;
    yield; allow, admit; (mid.) beg
    for pardon
Πάρις, ὁ Paris
παρίσταμαι (παραστα-) stand; be
    near; come to terms; happen
παριών οὖσα όν (παριοντ-) part. of
    παρέρχομαι
πάροιθε(ν) at the top, in front; before
    (+gen.); beforehand
παροράω (παριδ-) notice
πάρος previously; before (=πρίν)
παρών οὖσα όν (παροντ-) part. of
    πάρειμι, be present
πᾶς πᾶσα πᾶν (παντ-) all
    ὁ πᾶς the whole
πάσχω (παθ-) undergo; experience;
    suffer
πατήρ (πατ(ε)ρ-), ὁ father (3a)
πατρίς (πατριδ-), ἡ fatherland (3a)
Πάτροκλος, ὁ Patroklos (friend of
    Akhilleus, killed by Hektor)
    (2a)
πατρῷος α ον ancestral, of one's
    father
παύομαι stop, cease from (+gen. or
    part.)
παύω stop
πεδίον, τό plain (2b)
πεζός, ὁ land-force, army; infantry
    (2a)
πείθομαι (πιθ-) believe, trust, obey
    (+dat.)
πείθω persuade
Πειραιεύς, ὁ Piraeus (3g)
πειράομαι (πειρασ-) try; test (+gen.)
πειράω try, attempt
πείσομαι fut. of πάσχω or πείθομαι
πέλας (+gen.) near; nearby

πέλομαι be
    ἔπλετο was, is
Πελοποννήσιοι, οἱ Peloponnesians
    (2a)
Πελοπόννησος, ἡ Peloponnese (2a)
πέλω be, become
πέμπω send
πένης (πενητ-) poor (man)
πένθος, τό grief, sorrow, mourning
    (3c)
πενία, ἡ poverty (1b)
πεντήκοντα fifty
πέπλος, ὁ robe; woven cloth;
    covering (2a)
πέποιθα I trust, rely on (perf. of
    πείθομαι) (+dat.)
πεποιθώς υἶα ός trusting in (+dat.)
πέπονθα perf. of πάσχω
πεπρωμένος η ον fated
πέπυσμαι=perf. of πυνθάνομαι
πεπύσμην=plup. of πυνθάνομαι
πέρ=καίπερ; -περ at the end of a word
    (e.g. ὅσπερ) is emphatic
περί (+acc.) about, concerning
    (+gen.) about, around
    (+dat.) in, on, about
    περί (+gen.) ποιέομαι value x
    (acc.) at (περί+gen.)
περιδεής ές fearful, apprehensive
περίειμι survive, remain; surpass
    (+gen.)
περιέρχομαι (περιελθ-) go round,
    walk round
περιίσταμαι (περιστα-) surround;
    devolve upon; come round, turn
    out
Περικλῆς, ὁ Pericles (3d)
περιμένω (περιμειν-) wait, wait
    around
περιοράω (περιιδ-) allow, overlook

περιτυγχάνω (περιτυχ-) meet by
chance (+dat.)
περιφανής ές very clear, obvious
Πέρσης, ὁ Persian (1d)
πεσ– aor. stem of πίπτω
πέτομαι (πτ(α)-) fly
πέτρος, ὁ stone (2a)
πέφασμαι appear (perf. of φαίνομαι)
πέφυκα tend naturally to (see φύω)
πήγνυμι (πηξ-, παγ-) stick
πηδάω leap, jump
πῃ somewhere
πῇ where? how?
Πηλείδης, ὁ son of Peleus (i.e.
Akhilleus) (1d)
Πηλείων, ὁ son of Peleus (i.e.
Akhilleus) (3a)
Πηλεύς, ὁ Peleus (father of Akhilleus)
(3g)
πῆμα (πηματ-), τό bane, calamity,
curse; grief, misery (3b)
πιθ– aor. stem of πείθομαι
πικρός ά όν bitter, harsh, severe;
vindictive; hateful to (+dat.)
πίμπλημι (πλησ-) fill with (+gen. or
dat.)
πίνω (πι-) drink
πίπτω (πεσ-) fall; die; be ejected
πιστεύω trust (+dat.)
πίστις, ἡ pledge, assurance; good
faith; trust (3e)
πιστός ή όν reliable, trustworthy,
faithful
πίτνω fall; happen, turn out
πλεῖστος η ον very much, most (sup.
of πολύς)
πλείων more (comp. of πολύς)
πλέον more (adv.)
πλεονεκτέω have more than one's
share; be grasping

πλευν–=πλειον– (from πλείων)
πλέω (πλευσ-) sail
πλέων may=πλείων
πλέως α ων full of (+gen.)
πλῆθος, τό number, crowd; the
people (3c)
πλήν (+gen. or dat.) except
πληρόω man, fill; fulfil
πλησίον nearby; near (+gen.)
πλησίος α ον near, close to
(+gen.)
πλήττω (πληξ-, πλαγ-,
πεπληγ-) strike, hit
πλοῖον, τό vessel, ship (2b)
πλοῦς, ὁ voyage, expedition (contr.
of πλόος (2a))
πλούσιος α ον rich, wealthy
πλύνω wash
ποδάρκης ες swift-footed
ποδώκης ες swift-footed
πόθεν; from where?
ποῖ; to where?
ποῖ γῆς; to where on earth?
ποιέομαι make; think, consider
ποιέω make, do
κακά (κακῶς) ποιέω treat badly,
harm
ποιήτης, ὁ poet (1d)
ποιμήν (ποιμεν-), ὁ shepherd (3a)
ποίμνη, ἡ flock (1a)
ποίμνιον, τό flock (2b)
ποῖος α ον; what sort of?
πολεμέω make war
πολεμικός η ον of war, military,
martial
πολέμιοι, οἱ the enemy (2a)
πολέμιος α ον hostile, enemy
πόλεμος, ὁ war (2a)
πολιορκέω besiege
πολιός ά όν grey

πόλις, ἡ city, city-state (3e)
πολιτεία, ἡ state, constitution (1b)
πολιτεύομαι be a citizen
πολίτης, ὁ citizen (1d)
πολιτικός ή όν political
πολῖτις (πολιτιδ-), ἡ female citizen
  (3a)
πολλάκις often
πολλός ή όν = πολύς
  πολλοῦ δεῖ far from it!
  πολλοῦ δέω I am far from
  πολλῷ by far, more
Πόλυβος, ὁ Polybos (Oedipus'
  adoptive father) (2a)
πολύς πολλή πολύ (πολλ-) much,
  many
πονέω work, be busy; labour, suffer
  hardship
πονηρός ά όν wicked, bad, of poor
  quality, wretched
πόνος, ὁ distress, trouble; toil, labour;
  stress, suffering; business, task (2a)
πόντος, ὁ sea (2a)
πόποι oh! (exclamation of surprise,
  anger or pain)
πορεύομαι march, journey
πορίζω provide, offer
πόρνη, ἡ prostitute (1a)
πόρος, ὁ way, way of achieving
  (+gen.); device; journey, path
  (2a)
πόρρω far, afar off; far into (+gen.)
Ποσειδῶν (Ποσειδων-), ὁ Poseidon
  (god of the sea) (3a) (acc. Ποσειδῶ)
πόσις, ἡ drink (3e)
πόσις, ὁ husband, spouse (3e) (acc. pl.
  can = πόσιας)
ποταμός, ὁ river (2a)
ποτε once, ever (enclitic)
πότερον... ἤ... whether...or...

πότερος α ον; which (of two)?
ποτί = προτί
πότμος, ὁ fate (2a)
ποτνία lady, mistress
που somewhere, anywhere; I suppose
  (enclitic)
ποῦ; where?
πούς (ποδ-), ὁ foot (3a)
πρᾶγμα (πραγματ-), τό thing;
  business, negotiation; affair;
  trouble (3b)
  πράγματα παρέχω cause trouble
πρᾶξις, ἡ fact, action (3e)
πράττομαι make (money)
πράττω (πραξ-) do, carry out, get on,
  fare
  εὖ πράττω fare well, be prosperous
πρέπει it befits, it is proper for
  (+dat.)
πρέσβεις, οἱ ambassadors (3e)
πρεσβευτής, ὁ ambassador (1d)
πρέσβυς, ὁ old man (3e)
πρεσβύτερος α ον older, rather old
πρια– aor. stem of ὠνέομαι
Πρίαμος, ὁ (king of Troy) (2a)
πρίν (+inf.) before
  (+ἄν +subj., or opt. or
  +ind.) until
πρό (+gen.) before, in front of
προαγορεύω declare publicly
προάγω (προαγαγ-) lead on
προβάλλω (προβαλ-) expose
πρόβατον, τό sheep (2b)
πρόγονος, ὁ forebear, ancestor (2a)
προδίδωμι (προδο-) betray
προδο– aor. stem of προδίδωμι
προθυμέομαι be ready, eager
προθυμία, ἡ desire, eagerness, good
  will (1b)
πρόθυμος ον ready, eager, willing

προίξ (προικ-), ἡ dowry (3a)
προκαταγιγνώσκω
    (προκαταγνο-) condemn
    beforehand
προλέγω foretell, predict
πρόνοια, ἡ foresight, providence;
    (pre-)caution (1b)
προπάροιθε(ν) first
προρέω flow out
πρός (+acc.) to, towards
    (+gen.) in name of, under
    protection of; at the hands of,
    from
    (+dat.) in addition to, near
προσαγορεύω address, speak to
προσάπτω give, attach to (+dat.)
προσαυδάω address, speak to
προσβάλλω (προσβαλ-) afflict x (dat.)
    with y (acc.); procure for; assign
    to; attack, assault
προσβλέπω look on
προσβολή, ἡ collision, attack (1a)
προσγελάω (προσγελασ-) smile at
προσδραμ– aor. stem of προστρέχω
προσεῖπον I spoke x (acc.) to y (dat.)
    (προσέειπον Ionic)
προσελθ– aor. stem of προσέρχομαι
προσέρχομαι (προσελθ-) go, come
    towards, advance
προσέτι in addition
προσέχω (προσσχ–) bring near, apply
    to
προσέχω τὸν νοῦν pay attention to
προσήκει it is fitting for x (dat.) to y
    (inf.)
προσήκων (προσηκοντ-), ὁ relative
    (3a)
προσήκων ουσα ον befitting,
    belonging to; related, akin
προσῆλθον aor. of προσέρχομαι

πρόσθε(ν) previously; before
    (+gen.); in front
προσιών οὖσα όν (προσιοντ-) part. of
    προσέρχομαι/πρόσειμι
προσκαλέω (προσκαλεσ-) summon,
    call
προσλέγω (προσειπ-) address
προσμένω wait for
πρόσοδος, ἡ onset (2a)
προσοράω (προσιδ-) look at, behold
προσπίπτω (προσπεσ-) befall; fall
    upon; meet; attack (+dat.)
προσπίτνω fall upon, embrace
πρόσπολος, ὁ servant, attendant (2a)
προστάττω (προσταξ-) order
    (+dat.); instruct, prescribe;
    attach to
προστίθημι place, bring
προστρέχω (προσδραμ-) run towards
προσφέρομαι attack, assault; deal
    with
προσφέρω (προσενεγκ-) bring
προσφωνέω address
προσχρῄζω desire, request
πρόσω forwards, onwards; far off;
    (+gen.) further into; far from
πρόσωπον, τό face (2b)
προτείνω stretch out
προτεραῖος α ον of the previous day
πρότερον formerly, previously
πρότερος α ον first (of two); previous
προτί = πρός
προτρέπω urge on, impel
προφαίνω prophesy; reveal, display,
    indicate
προφέρω (προενεγκ-) present; bring
    forward; sweep off
προφεύγω (προφυγ-) flee from, avoid
πρόφρων ον (προφρον-) kind
πρύτανις, ὁ prytanis (3e)

Πρωταγόρας, ὁ Protagoras (1d)
πρῶτον first, at first
πρῶτος η ον first
πτερόεις εσσα εν winged
πτόλις = πόλις
πυθ– aor. stem of πυνθάνομαι
Πυθώ (-οῦς, -οῖ), ἡ Pytho (the oracle at Delphi)
πύλη, ἡ gate (1a)
Πύλος, ἡ Pylos (2a)
πυνθάνομαι (πυθ-) inquire, ascertain, learn
πῦρ (πυρ-), τό fire (3b)
πυρά, ἡ funeral pyre (1b)
πυρά, τά beacons, fire-signals (2b)
πύργος, ὁ defence (2a)
πω yet (enclitic)
πωλέω sell
πώποτε ever yet
πως somehow (enclitic)
πῶς; how?
πῶς γὰρ οὔ; of course

Ρ

ῥά = ἄρα
ῥᾴδιος α ον easy
ῥᾳδίως easily
ῥᾷστος η ον very easy
ῥαψῳδός, ὁ rhapsode (2a)
ῥᾴων ον easier (comp. of ῥᾴδιος)
ῥέζω do, act
ῥεθέα, τά limbs (3c)
ῥέω flow
ῥήγνυμι (ῥηξ-, ῥησσ-) break, shatter, burst
ῥηιδίως = ῥᾳδίως
ῥητορική, ἡ oratory (1b)
ῥήτωρ (ῥητορ-), ὁ orator, politician (3a)
ῥίπτω throw

ῥύομαι (ῥυσ-) protect, ward off; save; free
ῥώμη, ἡ strength, force; confidence; energy (1a)

Σ

σάκος, τό shield (3c)
σαόω save
σαφής ές clear, proven, obvious(ly), plain
τὸ σαφές the truth
σαφῶς clearly
σεαυτόν yourself
σέβας, τό majesty, holiness, awe
σέβομαι revere, worship
σέβω honour, respect, revere; worship
σέθεν = σοῦ
σελήνη, ἡ moon (1a)
σεμνός ή όν revered, holy; august, majestic; haughty
σέο = σοῦ
σεῦ = σοῦ
σεύομαι (ἐσσυ-, συθ-) rush, dart, hasten
σῆμα (σηματ-), τό mound, tomb (3b)
σημαίνω (σημην-) tell, signal
σημεῖον, τό signal, sign (2b)
σιγάω be quiet
σιδηρέος η ον metal, of iron
σίδηρος, ὁ iron; tool; sword (2a)
Σικελία, ἡ Sicily (1b)
σιτία, τά provisions (2b)
σῖτος, ὁ food (2a) (pl. τὰ σῖτα (2b))
σιωπάω be silent
Σκαιαί Skaian (a gate of Troy)
Σκάμανδρος, ὁ R. Skamandros (2a)
σκάφος, τό hull, ship (3c)
σκέπτομαι examine, look carefully at

σκεύη, τά gear, furniture; ship's gear
(3c)
σκοπέομαι look at, consider
σκοπέω consider, examine
σκοτεινός ή όν dark, obscure
σκότος, ό darkness (2a)
Σκύλλα, ή Skylla (Scylla) (a sea
monster) (1c)
σμικρ-=μικρ-
σμικρός ά όν small, short, little
σός σή σόν your (s.)
σοφία, ή wisdom (1b)
σοφιστής, ό sophist, thinker, teacher
(1d)
σοφός ή όν wise, clever, brilliant,
accomplished
σπανίζω (-ομαι) be in want (of)
(+gen.)
Σπαρτιήτης, ό Spartiate (a full citizen
of Sparta) (1d)
σπείρω sow, engender; spread abroad
σπένδω pour a libation
σπεύδω hurry; strive after; promote
keenly; set going
σπονδαί, αί treaty, truce (1a)
σπονδή, ή libation (1a)
σπουδάζω be concerned, make
efforts, do seriously
σπουδαῖος a ον serious, important
σπουδή, ή zeal, haste, seriousness (1a)
στάς στᾶσα στάν (σταντ-) standing
(aor. part. of ἵσταμαι)
στέγη, ή roof; (pl.) house (1a)
στε(ι)νός ή όν narrow, confined
τὰ στε(ι)νά the narrows, straits (of a
pass) (2b)
στείχω go, come
στέλλω (στειλ-, σταλ-) send;
summon; equip
στενάχομαι bewail, lament
στένω groan

στέργω love, show affection, be
content with
στερέω deprive x (acc.) of y (gen.)
στέφανος, ό crown, wreath, chaplet
(2a)
στῆθος, τό (also pl.) chest (3c)
στόμα (στοματ-), τό mouth, speech
(3b)
στρατεία, ή expedition, campaign
(1b)
στράτευμα (στρατευματ-), τό army;
expedition, campaign (3b)
στρατεύομαι advance with an army
or fleet; wage war
στρατεύω serve in war; send a force
στρατηγέω be general
στρατηγός, ό general, commander
(2a)
στρατιά, ή army (1b)
στρατιώτης, ό soldier (1d)
στρατοπεδεύομαι make camp
στρατόπεδον, τό camp, army (2b)
στρατός, ό army (2a)
στρέφω turn, twist
στρωμνή, ή bed (1a)
στυγερός ά όν hateful, loathsome
στυγέω loathe, hate
σύ you (s.)
συγγεγένημαι perf. of συγγίγνομαι
συγγένεια, ή kinship (1b)
συγγενής, ό relation (3d)
συγγενής ές inborn; related to,
relative
συγγίγνομαι (συγγεν-) be with, have
intercourse with, have dealings
with (+dat.)
συγγνώμη, ή pardon, forgiveness (1a)
συγγνώμην ἔχω forgive, pardon
συγγνωστός όν pardonable, allowable
συγκαθέζομαι sit down together
συγκαταβαίνω go down together

συγκόπτω beat up, strike (aor. pass.
συνεκόπην)
συγχέω obliterate, demolish;
confuse, blur (aor. pass.
συνεχύθην)
συγχωρέω agree to, with; yield to
(+dat.)
συλάω strip
συλλαμβάνω (συλλαβ-) assist (+dat.);
collect; understand; seize, arrest;
join x (dat.) in tackling y (gen.)
συλλέγω collect, gather
συμβαίνει (συμβα-) it happens,
chances; it falls to x (dat.) to y
(inf.)
συμβαίνω (συμβα-) happen, occur,
result
συμβάλλω (συμβαλ-) engage in x
(acc.) with y (dat.)
συμβολή, ή encounter, engagement;
meeting; joining (1a)
συμβουλεύομαι discuss with (+dat.)
συμβουλεύω advise x (dat.) to y (inf.);
give advice
συμβουλή, ή discussion,
recommendation (1a)
συμμαχός, ό ally (2a)
συμμένω (συμμειν-) hold together;
keep together
συμμίσγω/ομαι (συμμειξ-) associate
with, engage with
σύμπας σύμπασα σύμπαν
(συμπαντ-)=πᾶς all, in all,
every
συμπέμπω send with (+dat.)
συμπροθυμέομαι share enthusiasm of
(+dat.)
συμφέρει it is useful, expedient,
agreed
συμφορά, ή disaster, mishap,

occurrence (1b)
σύμφορος ον suitable, expedient for;
accompanying (+dat.)
σύν (+dat.) with the help of,
together with
σύνειμι be joined with, afflicted by;
live, be with
συνεισβαίνω (συνεισβα-) get in
together with
συνεπεύχομαι join in prayer
συνέρχομαι (συνελθ-) come together
συνῆλθον aor. of συνέρχομαι
συνθνῄσκω (συνθαν-) die with,
together
σύνοιδα (συνειδ-) be witness to,
know; be implicated in, share the
knowledge of (+dat.)
συνοικέω live with, together (+dat.)
συνουσία, ή association, intercourse;
conspiracy (1b)
συντυγχάνω (συντυχ-) meet with
(+dat.)
συνωμοσία, ή conspiracy (1b)
Συρακόσιοι, οἱ Syracusans (2a)
συστρατεύομαι share in an expedition
with (+dat.)
συστρατεύω join an expedition, fight
alongside
σφάζω (σφαξ-, σφαγ-) slaughter,
sacrifice
σφάλλομαι (σφαλ-) be mistaken in
(+gen.); be tripped up; fall; be
baulked
σφε him (acc.) (dat. s. σφί(ν))
σφεῖς they (Attic σφᾶς σφῶν σφίσι;
Ionic σφεῖς σφέας σφέων σφι)
σφέτερος α(η) ον their own, their; his
σφι to them
σφόδρα very much, exceedingly
σφῷ of/for you two (dual of σύ)

σχ- aor. stem of ἔχω
σχεδόν nearly, near, almost
σχέτλιος α ον hard, unyielding
σχῆμα (σχηματ-), τό form, shape,
    appearance; character (3b)
σχολή, ἡ leisure (1a)
σῴζω save, keep safe, bring safely
Σωκράτης, ὁ Socrates (3d)
σῶμα (σωματ-), τό body, person (3b)
σῶος α ον safe
σωτήρ (σωτηρ-), ὁ saviour (3a)
σωτηρία, ἡ safety (1b)
σωτήριος α ον saving, delivering
σωφρονέω be moderate, sensible;
    come to one's senses
σωφροσύνη, ἡ good sense,
    moderation (1a)
σώφρων ον (σωφρον-) sensible,
    temperate, modest, chaste,
    discreet, prudent, law-abiding,
    disciplined

T

τάλας αινα αν (ταλαν-) wretched,
    unhappy
τᾶν my dear chap (condescending)
τάξις, ἡ order, rank, battle-array (3e)
ταράττομαι be in disorder
ταραχή, ἡ confusion, disorder (1a)
ταρβέω fear
τάττω (ταξ-) station, draw up;
    appoint, place in order; order
ταὐτὰ ταῦτα the very same things
ταύτῃ here; herein; in this way
τάχ' ἄν perhaps, possibly
τάχα quickly
τάχιστος η ον quickest (sup. of ταχύς)
    τὴν ταχίστην most quickly
τάχος, τό speed (3c)
ταχύς εῖα ύ quick, fast

τε ... καί ... both ... and ...
τεθν(η)- perf. stem of θνῄσκω
τέθνηκα I am dead (perf. of θνῄσκω)
Τειρεσίας, ὁ Teiresias (a blind seer)
    (1d)
τεῖχος, τό wall (of a city) (3c)
τεκ- aor. stem of τίκτω
τεκμαίρομαι conclude, infer; assign,
    ordain
τεκμήριον, τό evidence, proof (2b)
τέκνον, τό child (2b)
τεκνόω (-ομαι) beget children
τέκος, τό child (3c)
τέκτων (τεκτον-), ὁ builder (3a)
τελευτάω die; end, finish
τελευτή, ἡ end (1a)
τελέω (τελεσ-) accomplish, fulfil,
    complete; perform; pay
τέλος, τό end, consummation (3c)
    τέλος in the end, finally
τέμνω (ταμ-) cut
τέρας (τερατ-), τό portent, sign,
    wonder; monster (3b)
τέσσερες α four (=τέτταρες)
τέταρτος η ον fourth
τευ=τινος
τεύχεα, τά harness, armour (3c)
τεύχω (τευξ-, τετ(ε)υκ-) act, make,
    prepare; (perf. pass.) be, be made
τέχνη, ἡ skill, art, expertise (1b)
τέχνημα (τεχνηματ-), τό device,
    contrivance, skill (3b)
τῇ in so far as; since
τῇδε thus, in this way; here
τῆλε far
    (+gen.) far from
τήμερον today
τηρέω watch, guard; watch for,
    observe
τι a, something (enclitic)

τί; what? why? in what respect?
τίθεμαι (θε-) make (laws); regard as; assume, reckon
τίθημι (θε-) put, place
τίκτω (τεκ-) bear, give birth to
τιμάω honour, value, reckon; (+dat.) fine
τίμη, ἡ honour, privilege (1a)
τίμημα (τιμηματ-), τό fine (3b)
τιμωρέομαι take revenge on
τιμωρέω avenge (+dat.)
τιμωρία, ἡ revenge, vengeance (1b)
τίνομαι (τ(ε)ισ-) exact satisfaction from (+acc.)
τίνω (τ(ε)ισ-) pay
τίπτε; why?
τις τι (τιν-) a certain, someone, something (enclitic)
τίς; τί; (τίν-) who? which? what?
τίσις, ἡ revenge (3e)
τίτθη, ἡ nurse (1a)
τλάς τλᾶσα τλάν (τλαντ-) daring
τλάω (τλη-, τλα-) dare; endure, be patient
τλήμων ον (τλημον-) wretched; patient, resolute
τοι then (inference)
τοι=σοι
τοί=οἵ (rel.) or οἱ (def. art.)
τοίγαρ therefore, for that reason
τοίνυν well, then (resuming argument)
τοιόσδε ἥδε όνδε of this kind
τοιοῦτος αὕτη οὗτο of this kind, of such a kind
τοῖσι=τοῖς
τοκεύς, ὁ parent (3f)
τόλμα, ἡ daring (1c)
τολμάω dare, be daring; undertake
τόξευμα (τοξευματ-), τό arrow (3b)
τοξότης, ὁ archer (1d)

τόπος, ὁ place, region; topic; chance (2a)
τοσόσδε τοσήδε τοσόνδε so great, so many
τοσοῦτος αὕτη οὗτο so great
τοσσάκι so often
τόσ(σ)ος η ον ... ὅσ(σ)ος ... to such an extent ... as ...
τότε then
του=τινος of something, someone
τοῦ can=τίνος; of what?
τούτῳ dat. of οὗτος
ἐν τούτῳ meanwhile
τραπ- aor. stem of τρέπομαι
τράπεζα, ἡ bank; table (1c)
τραῦμα (τραυματ-), τό wound (3b)
τρεῖς τρία three
τρέμω tremble at, fear
τρέπομαι (τραπ-) turn (self), turn in flight
τρέπω cause to turn, put to flight
τρέφω (θρεψ-) rear, raise, feed, nourish
τρέχω (δραμ-) run
τριακόσιοι αι α 300
τρίβω rub; wear out; waste; pound
τριηραρχέω serve as trierarch
τριήραρχος, ὁ trierarch (2a)
τριήρης, ἡ trireme (3d)
τριπλόος η ον triple (contr. τριπλοῦς)
τρίς three times
τρόπος, ὁ way, manner (2a)
τροφή, ἡ food, nourishment (1a)
Τρῳαί, αἱ Trojan women (1a)
Τρῶες, οἱ Trojans (3a)
τυγχάνω (τυχ-) (+gen.) hit, chance/happen upon (+part.) happen to –, actually to –
τυπείς aor. pass. part. of τύπτω
τύπτω (παταξ-) strike, hit

τυραννέω be sovereign
τύραννος, ὁ ruler, sovereign; tyrant (2a)
τυφλός ή όν blind
τυχ- aor. stem of τυγχάνω
τύχη, ἡ chance, good or bad fortune (1a)
τώ the two of them (nom.)
τῳ=τινι to/for something, someone
τῷ can=τίνι; to/for what?
τῷ ὄντι in fact, really

Υ

ὑβρίζω treat violently, disgracefully; humiliate
ὕβρις, ἡ aggression, violence, insult, humiliation (3e)
ὑβριστής, ὁ violent; uncontrolled person, criminal (1d)
ὕδωρ (ὑδατ-), τό water (3b)
ὑεῖς=υἱοί
υἷες=υἱοί
υἱός, ὁ son (2a) (some forms can go like m. of γλυκύς)
ὑμεῖς you (pl.)
ὑμέτερος α ον your (pl.)
ὑμνέω sing of, commemorate
ὗος=υἱός
ὑπακούω reply, answer; obey (+dat.)
ὑπάρχοντα, τά present circumstances (3b)
ὑπάρχω be, be sufficient; begin (+gen.)
ὑπέξειμι withdraw
ὑπέρ (+gen.) for, on behalf of (+acc.) beyond
ὑπερπέτομαι (ὑπερπτα-) fly over
ὑπέρτερος α ον victorious over; above; stronger (+gen.)

ὑπηρέτης, ὁ servant (1d)
ὑπισχνέομαι (ὑποσχ-) promise
ὕπνος, ὁ sleep (2a)
ὑπό (+acc.) under, along under, up under
(+gen.) by, at the hand of
(+dat.) under, beneath
ὑποδέχομαι welcome, entertain
ὑπολαμβάνω (ὑπολαβ-) take up, answer; seize; assume, suppose
ὑπολογίζομαι take into account, reckon
ὑπόλοιπος ον remaining
ὑπομένω (ὑπομειν-) dare to (+part.); await; submit to; stand firm
ὑποφεύγω (ὑποφυγ-) shrink back, withdraw
ὑποχωρέω retreat, withdraw
ὑποψία, ἡ suspicion (1b)
ὗς, ὁ boar (3h)
ὑστεραῖος α ον of the next day
ὕστερον later, further
ὕστερος α ον later, last (of two)
ὑφ'=ὑπό
ὑφαίνω work at, weave (at)
ὑφαιρέομαι (ὑφελ-) steal, take by stealth
ὑφίσταμαι (ὑποστα-) submit to, consent to; promise
ὑψηλός ή όν high

Φ

φαγ- aor. stem of ἐσθίω
φαίδιμος η ον glorious
φαίνομαι (φαν-) appear, seem to be (+part.) actually to be, (+inf.) not really to be
φαίνω (φην-) reveal, declare; indict
φάμενος η ον aor. part. mid. of φημί
φάναι inf. of φημί

φανερός ά όν clear, obvious
φάος, τό light (3c)
φάρμακον, τό poison; drug; remedy;
			potion (2b)
φάσγανον, τό sword (2b)
φάσκω allege, claim, assert
φάτις, ἡ oracle, saying, rumour (3e)
φάτο he spoke (3rd s. aor. mid. of
			φημί)
φαῦλος (η) ον mean, poor, low;
			trivial; ordinary; indifferent,
			cheap
φείδομαι (φεισ-) spare
φέρε come!
φέρομαι win, carry off
φέρω (ἐνεγκ-) bear, endure; lead,
			carry
		χαλεπῶς φέρω be angry, displeased
			at
φεῦ alas!
φεύγω (φυγ-) run off, flee; be a
			defendant, be on trial
φεύξομαι fut. of φεύγω
φήμη, ἡ message; rumour; speech;
			prophecy (1a)
φημί say
φήσω fut. of φημί
φθάνω (φθασ-) anticipate x (acc.) in
			-ing (part.)
φθέγγομαι speak, say, utter
φθί(ν)ω (φθι(σ)-) destroy; perish,
			decay, waste away
φθονέω begrudge, be envious
			(+gen.); resent; refuse (+inf.)
φθόνος, ὁ envy, jealousy (2a)
φιλέω love, kiss; be used to; be a
			friend of, like
φιλία, ἡ friendship (1b)
φίλος, ὁ friend (2a)
φίλος η ον dear; one's own

φιλοσοφέω pursue, study philosophy
φιλοσοφία, ἡ philosophy (1b)
φιλόσοφος, ὁ philosopher (2a)
φίλτατος η ον most dear (sup. of
			φίλος)
φλυηρέω = φλυαρέω (πολλά) talk (a
			lot of) nonsense
φοβέομαι fear, be afraid of, respect;
			be put to flight
		φοβέομαι μή fear lest, that
φοβερός ά όν terrible, frightening
φοβέω terrify; rout
φόβος, ὁ fear (2a)
Φοῖβος, ὁ Phoibos Apollo (god of
			plague and prophecy) (2a)
φονεύς, ὁ murderer (3g)
φονεύω murder, slay
φόνος, ὁ murder, slaughter (2a)
φράζω utter, mention, talk; explain
φράτηρ (φρατερ-), ὁ member of a
			phratry (3a)
φρήν (φρεν-), ἡ heart, mind (3a)
φρονέω think, consider; be wise,
			sensible
φρόνησις, ἡ purpose, thought;
			judgment; wisdom (3e)
φροντίζω think, worry
φροντίς (φροντιδ-), ἡ thought, care,
			concern (3a)
φροῦδος η ον gone, vanished,
			departed
φυγάς (φυγαδ-), ὁ exile; runaway;
			fugitive (3a)
φυγή, ἡ flight (1a)
φυλακή, ἡ guard (1a)
φύλαξ (φυλακ-), ὁ guard (3a)
φυλάττω guard, watch
φῦναι inf. of ἔφυν (see φύω)
φύσις, ἡ nature, character,
			temperament (3c)

φυτεύω beget; plant; cause
φύω bear
ἔφυν be/was naturally
πέφυκα be naturally inclined
φωνέω speak, utter
φωνή, ἡ voice, language, speech (1a)
φώνημα (φωνηματ-), τό voice, speech (3b)
φώς (φωτ-), ὁ man, mortal (3a)
φῶς (φωτ-), τό light (3b)

X

χαῖρε greetings! hello! farewell!
χαίρω (χαρ-) rejoice
χαλεπαίνω be severe; be angry at (+dat.)
χαλεπός ή όν difficult, hard
χαλεπῶς φέρω be angry, displeased at
χάλκειος of bronze
χαλκός, ὁ bronze (armour), sword (2a)
χαλκοῦς ῆ οῦν of bronze
χαρίεις εσσα εν graceful, elegant
χαρίζομαι (χαρισθ-) oblige, do a favour to; please; be dear to (+dat.)
χάρις (χαριτ-), ἡ recompense; thanks; obligation; grace; favour (3a)
χάριν οἶδα be grateful to (+dat.)
χειμών (χειμων-), ὁ storm, winter (3a)
χείρ (χειρ-), ἡ hand (3a)
χείρων ον (χειρον-) worse (comp. of κακός)
χέω (χευ-, χυ-) pour, drop
χθές yesterday
χθών (χθον-), ἡ earth, land (3a)
χιλιάς (χιλιαδ-), ἡ thousand (3a)
χίλιοι αι α thousand

χίτων (χιτων-), ὁ tunic (worn next to the skin) (3a)
χλωρός ά όν fresh, green; pale, pallid
χόλος, ὁ anger, wrath, gall (2a)
χορός, ὁ dance; chorus (2a)
χράομαι deal with, use, employ
χρέα, τά debts (3c)
χρεωμένους = χρωμένους
χρεών (sc. ἐστί) = χρή it is necessary
χρή it is necessary for x (acc.) to y (inf.)
χρῄζω desire, want, need (+gen.)
χρῆμα (χρηματ-), τό thing (3b)
χρήματα, τά money, goods (3b)
χρηματίζω do business
χρῆσθαι pres. inf. of χράομαι
χρήσιμος η ον profitable, useful
χρησμός, ὁ oracle (2a)
χρηστός ή όν good, fine, serviceable
χρῆται 3rd s. pres. of χράομαι
χρόα acc. of χρώς
χροί dat. of χρώς
χρόνος, ὁ time (2a)
χρόνῳ at last; after a long time
χροός gen. of χρώς
χρυσέος η ον golden
χρώς (χρωτ-), ὁ flesh, skin, body (3a)
χωρέω go, come
χώρη, ἡ land (1a)
χωρίζομαι be different from (+gen.)
χωρίον, τό place, space; region; farm (2b)
χωρίς apart, separately (from) (+gen.)
χῶρος, ὁ place; piece of ground; land (2a)

Ψ

ψαύω touch (+gen.)
ψέγω blame, censure

ψευδής ές false, lying
ψεύδομαι lie, tell lies; cheat, deceive
ψευδῶς falsely
ψηφίζομαι vote
ψήφισμα (ψηφισματ-), τό decree (3b)
ψῆφος, ἡ vote, voting-pebble (2a)
ψιλοί, οἱ light-armed troops (2a)
ψυχή, ἡ life, soul, mind (1a)
ψυχρός ά όν cold

Ω

ὤ what! (+gen.)
ὦ O (addressing someone)
ὠ- augment (if not under ὠ- look under ὀ-)
ὧδε thus, as follows
ὠθέω push, shove
ὠκύς εῖα ύ swift
    ὠκὺς πόδας swift-footed
ὠλόμην aor. of ὄλλυμαι
ὤμην impf. of οἶμαι
ὦμος, ὁ shoulder (2a)

ὠμός ή όν raw
ὦν = οὖν
ὤν οὖσα ὄν (ὀντ-) part. of εἰμί
ὠνέομαι (πρια-) buy
ὤνησ- aor. of ὀνίνημι
ὥρα, ἡ season, time (1b)
    ὥραν 'at the season . . .'
ὡς how!; as; that
    (acc.) towards, to the house of
    (+fut. part.) in order to
    (+sup.) as – as possible
    (+subj./opt.) in order that, to
ὡς ὄφελεν would that (s)he had – !
    (+inf.)
ὥς thus, so, like
ὥσπερ like, as
ὥστε so that, with the result that,
    consequently (+inf. or ind.)
ὠφελέω help, assist, be of use to,
    benefit
ὤφελ(λ)ον would that I had – !
    (+inf.) (sometimes +ὥς)